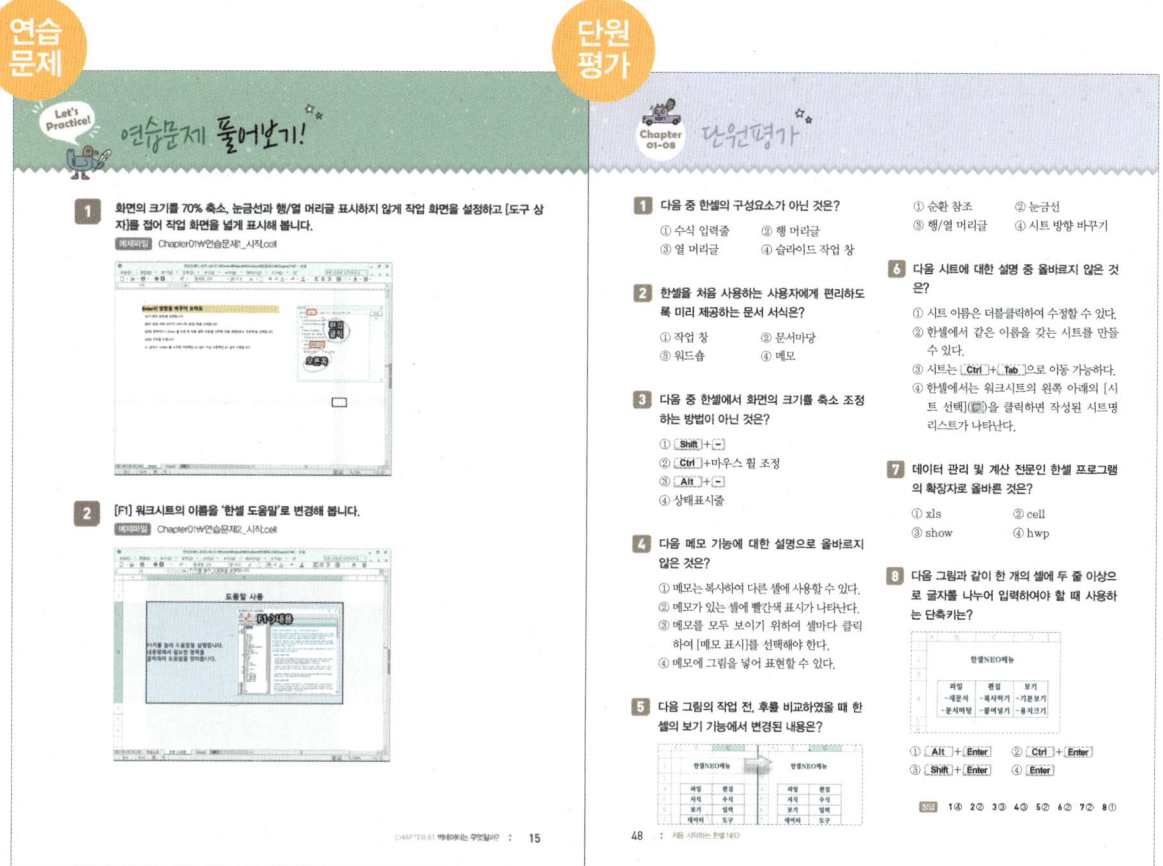

● 연습문제 : 학습을 마친 후 스스로 복습할 수 있도록 돕습니다.

● 단원평가 : 총 8개의 Chapter 학습을 마칠 때 마다 배운 내용을 정리하는 단원평가를 구성 해 다시 한 번 복습할 수 있도록 돕습니다.

 # 자료 다운로드 방법

이 책에서 사용되는 예제파일, 완성파일, 연습문제 슬라이드 자료, 강의안은 영진닷컴 홈페이지에서 다운로드 받으실 수 있습니다.

1 영진닷컴 홈페이지(www.youngjin.com)에 접속한 뒤 [고객센터]-[부록CD다운로드] 게시판의 검색 창에 '한셀 NEO'를 입력한 후 Enter 를 누릅니다.

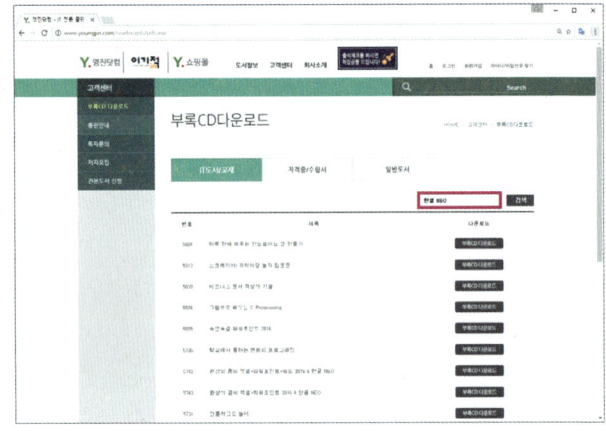

2 목록에서 '처음 시작하는 한셀 NEO'를 찾아 부록CD다운로드 를 클릭합니다.

3 팝업 창이 나타나면 [cd1.zip]을 클릭하여 다운로드한 뒤, 압축을 해제합니다.

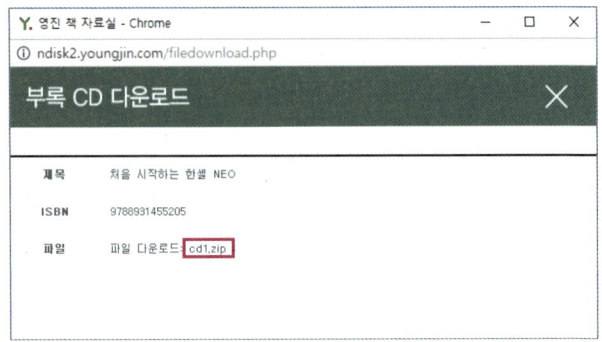

4 Chapter별 예제파일과 완성파일, 연습문제 풀이 슬라이드 자료가 있으며, 강의안은 출력해서 사용하면 됩니다.

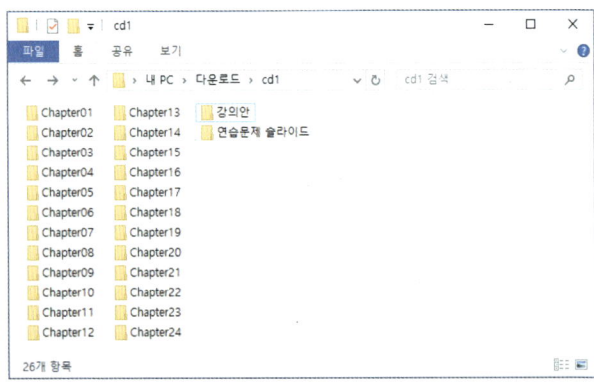

처음 시작하는 한셀 NEO

1판 1쇄 발행 2016년 12월 30일

발행인 김길수 | **발행처** (주)영진닷컴 | **등록** 2007. 4. 27 제 16-4189호 | **대표전화** 1588-0789

ISBN 978-89-314-5520-5
가격 : 10,000원

저자 부성순 | **총괄** 김태경 | **기획** 기획1팀 | **진행** 서정임
표지 · 내지 디자인 지화경 | **편집** 지화경, 고은애 | **인쇄** 성신프린팅
주소 서울시 금천구 가산디지털2로 123 월드메르디앙벤처센터 2차 10층 1016호 (우)08505

YoungJin.com Y.
영진닷컴

이 책의 구성

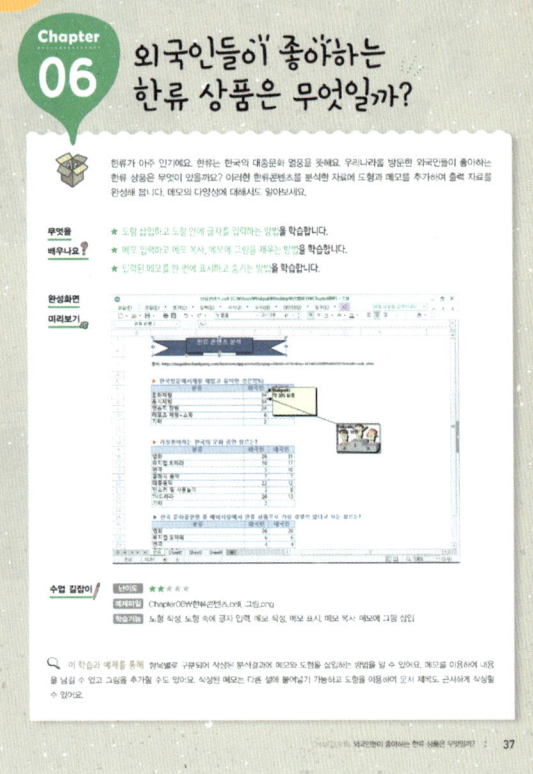

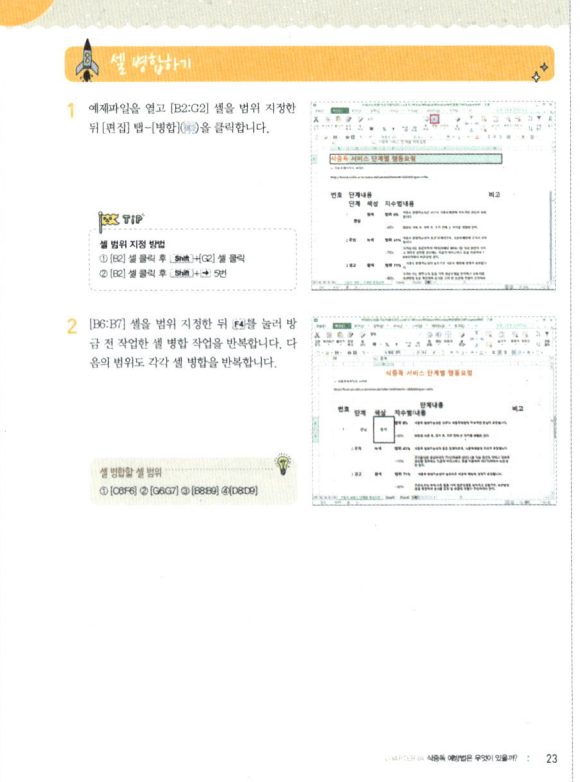

- **무엇을 배우나요?** : 학습할 내용을 먼저 이해하고 학습을 시작합니다.
- **완성화면 미리보기** : 완성화면을 미리 확인 후 학습을 시작합니다.
- **수업 길잡이** : 학습 난이도와 학습 주요 기능을 미리 알아봅니다.
- **이 학습과 예제를 통해** : 학습&예제를 통해 알 수 있는 내용을 친절히 알려줍니다.

- **따라하기** : 친절한 설명과 지시선으로 학습을 돕습니다.
- **Tip** : 단축키와 같은 tip을 구성해 학습을 돕습니다.
- **설정 값** : 대화상자의 설정 값을 정리해 학습을 돕습니다.

이 책의 목차

Chapter 01

빅데이터는 무엇일까?

데이터 분석도구인 한셀 NEO를 시작해 볼까요? 한셀 NEO를 통해 계산, 데이터 정리, 차트(시각화) 등 자료를 내 마음대로 변경하고 분석할 수 있어요. [보기] 탭을 이용해 작업 화면을 조정할 수도 있으니 화면 구성을 이해하고 화면을 조정해 봅니다.

무엇을 배우나요?

★ 한셀 NEO 화면 구성에 대해 학습합니다.

★ 자료를 불러오고 속성을 변경해 다른 이름으로 저장하는 방법을 학습합니다.

★ 작업 화면의 크기를 조정하는 방법을 학습합니다.

★ 눈금선, 선택된 셀 회색 표시, 열 머리글, 행 머리글의 표시 여부를 학습합니다.

완성화면 미리보기

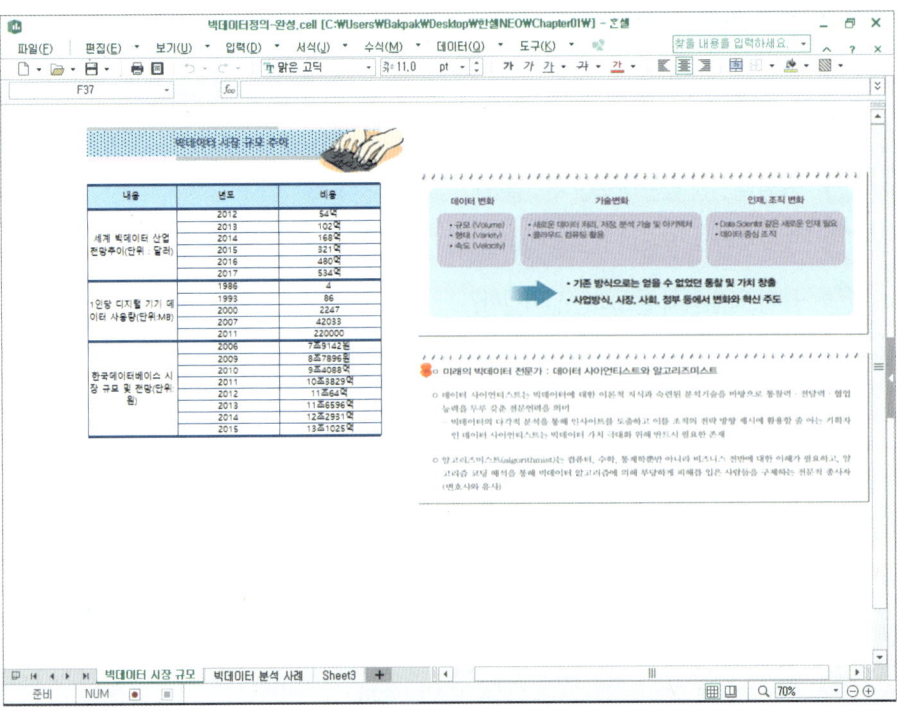

수업 길잡이

난이도 ★☆☆☆☆

예제파일 Chapter01₩빅데이터정의.cell

학습기능 문서마당, 파일 불러오기, 화면 크기 조정, 행/열 머리글 표시, 워크시트 이동, 시트 이름 변경, 저장

🔍 **이 학습과 예제를 통해** 다양하고 많은 양의 데이터를 빠르게 분석하는 빅데이터에 대한 시장규모를 알 수 있고 시트를 작업하기 편한 환경으로 변경할 수 있어요. 화면 크기를 쉽게 조절하고, 불필요한 화면 일부를 안보이게 할 수도 있죠. 빅데이터 분석 사례를 통해 빅데이터가 어디에 사용될 수 있고 나는 어떤 자료를 이용해서 빅데이터를 구현할 수 있는지를 고민할 수 있어요.

한셀 살펴보기

1 [시작]-[모든 프로그램]-[한글과컴퓨터]-[한셀](📗)을 클릭하여 실행합니다.

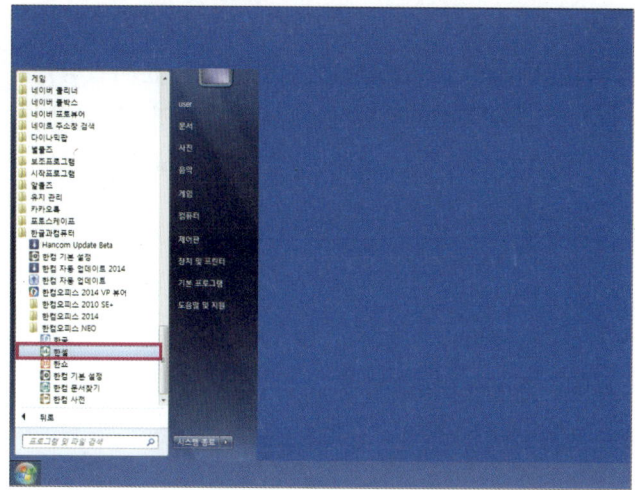

2 행과 열이 교차하는 지점을 셀이라고 하며 클릭하면 선택된 곳이 회색으로 표시됩니다. 한셀 NEO의 구성요소에 대해 살펴봅니다.

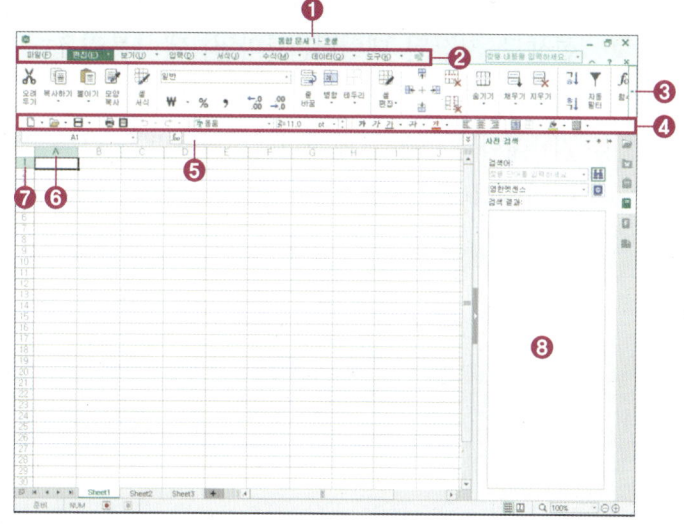

	이름	설명
1	제목	프로그램의 제목과 최소화, 최대화 닫기 단추가 나타납니다.
2	메뉴	프로그램에서 사용하는 메뉴를 기능별로 묶어놓은 곳입니다.
3	기본 도구 상자	각 메뉴에서 자주 사용하는 기능을 그룹별로 묶어서 메뉴 탭 형식으로 제공합니다.
4	서식 도구 상자	문서 편집 시 자주 사용하는 기능을 모아 아이콘으로 묶어서 놓은 곳입니다.
5	수식 입력줄	선택한 셀의 내용을 나타내거나 수식을 직접 입력합니다. 셀에 입력한 내용을 편집할 수 있습니다.
6	열 머리글	A~XFD까지 16,384개의 열을 알파벳으로 표시합니다.
7	행 머리글	1~1048576까지 1,048,576개 행을 숫자로 표시합니다.
8	작업 창	작업 창을 활용하면 문서 편집 시간을 줄이고 작업 속도를 높이는 등 효율적인 문서 작업을 수행할 수 있습니다.

1 한셀에서는 미리 만들어져 있는 다양한 문서를 사용할 수 있습니다. [파일] 탭-[문서마당]을 선택하고 [문서마당] 대화상자의 [문서마당 꾸러미] 탭-[마케팅]-[박람회 예산]을 선택한 후 [열기]를 클릭합니다.

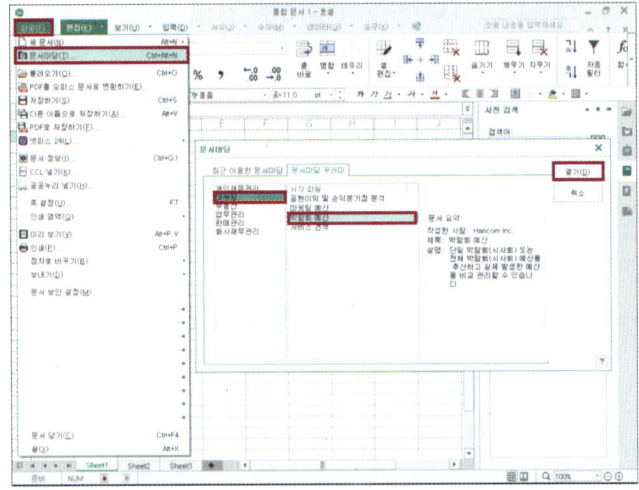

2 한셀로 저장된 데이터는 [파일] 탭-[불러오기]를 선택하여 불러올 수 있습니다. [불러오기] 대화상자에서 '빅데이터정의.cell'을 더블클릭합니다.

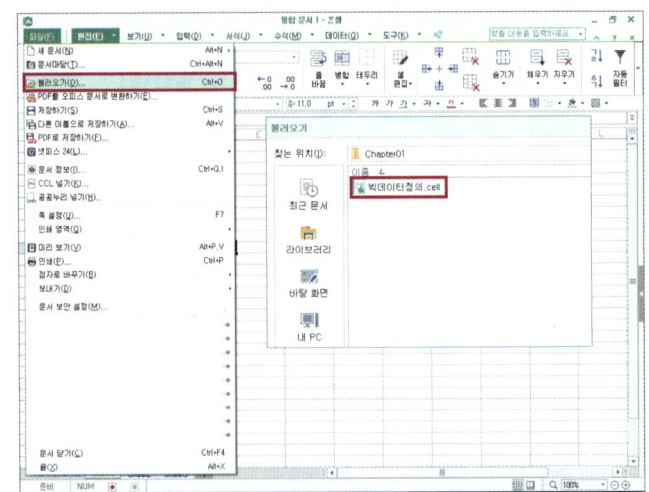

TiP

- 파일을 더블클릭해도 되지만 선택 후 [열기]를 클릭해도 파일을 불러올 수 있습니다.
- 한셀 작업에 항상 표시되는 [서식 도구 상자]의 [불러오기]( )를 클릭하여 파일을 불러와 작업 속도를 단축할 수 있습니다.
- [서식 도구 상자]가 나타나지 않을 때는 [보기] 탭의 펼침 단추( )를 클릭하여 [도구 상자]-[서식] 선택합니다.

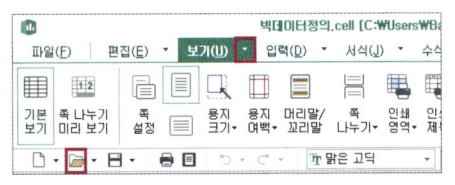

[보기] 탭 사용하기

1 [빅데이터 시장 규모] 워크시트의 [보기] 탭-[눈금선]을 선택 해제하면 화면에 표시되는 행/열 표시인 눈금선이 없어지면서 흰색 배경 화면이 표시됩니다.

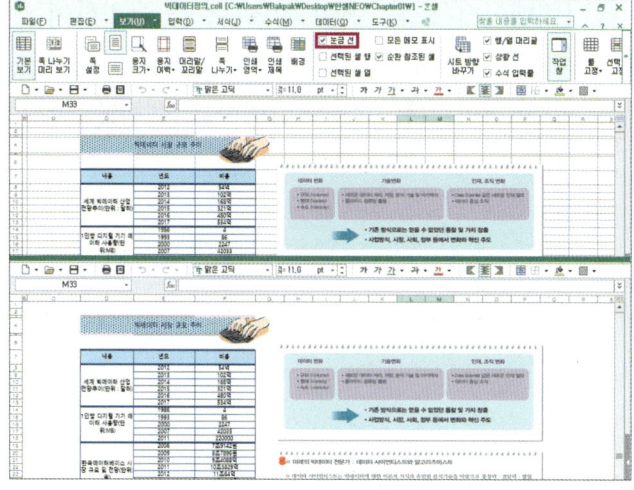

2 화면의 크기를 조정하는 네 가지 방법은 다음과 같습니다.

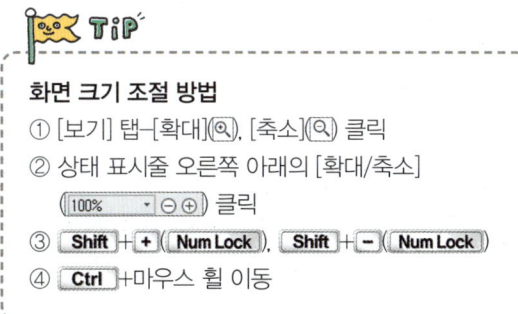

화면 크기 조절 방법
① [보기] 탭-[확대], [축소] 클릭
② 상태 표시줄 오른쪽 아래의 [확대/축소]
   (100%) 클릭
③ Shift + Num Lock , Shift + Num Lock
④ Ctrl +마우스 휠 이동

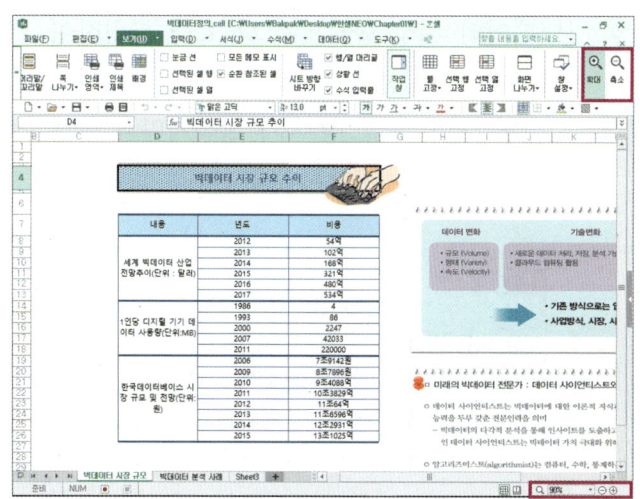

3 [보기] 탭-[행/열 머리글]을 선택 해제하면 A, B, C…의 열 머리글과 1, 2, 3…의 행 표시가 화면에서 사라집니다.

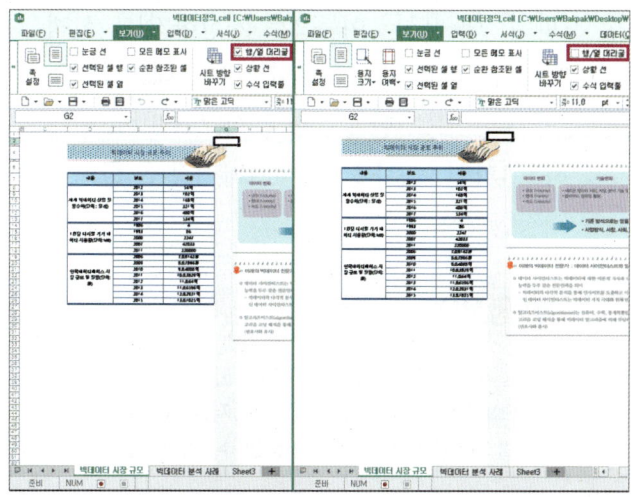

1 [빅데이터 분석 사례] 워크시트를 클릭하여 이동한 뒤, 시트 이름을 더블클릭하여 시트명을 변경합니다. 이름을 입력하고 [설정]을 클릭합니다.

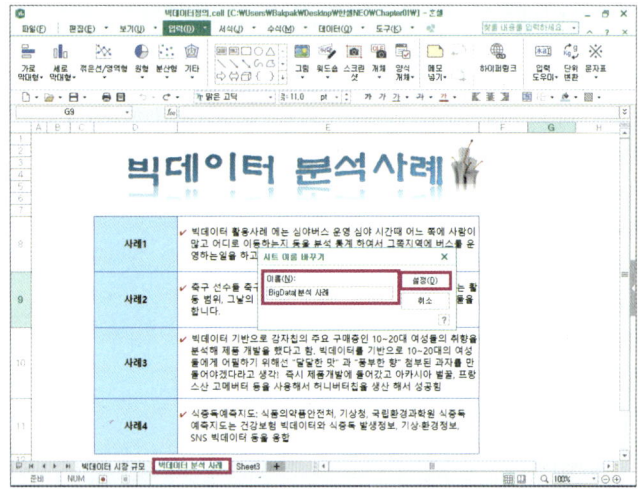

2 [빅데이터 시장 규모] 워크시트를 클릭하여 워크시트를 이동합니다. [입력] 탭을 더블클릭하면 [서식 도구 상자]가 접혀지면서 작업 화면을 넓게 사용할 수 있습니다.

 **TiP**

시트 이동 방법
① 왼쪽 아래의 [시트 선택](🔲)을 클릭하여 원하는 시트명 클릭
② `Ctrl` + `Tab` 를 눌러 시트 이동

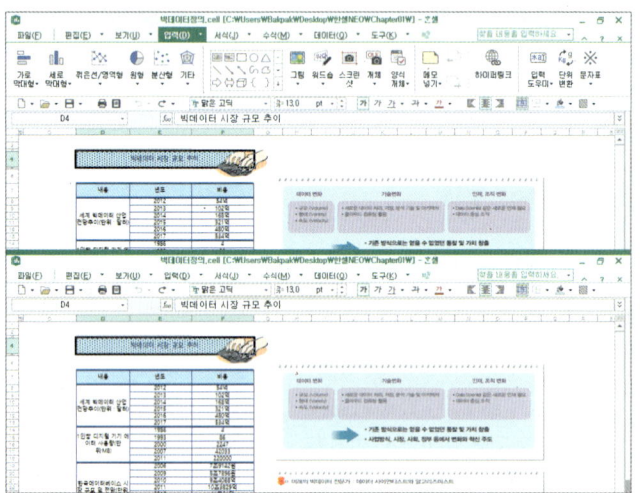

3 [파일] 탭-[다른 이름으로 저장하기]를 선택합니다. [다른 이름으로 저장하기] 대화상자의 [파일 형식]을 [한셀 통합 문서(*.cell)]로 선택하고 [파일 이름]을 입력하고 [저장]을 클릭해 저장합니다.

 **TiP**

한셀에서는 엑셀(xls, xlsx) 파일을 불러와 사용할 수 있으며 [파일] 탭-[다른 이름으로 저장]을 선택하여 한셀 자료를 엑셀 자료로 저장할 수 있습니다.

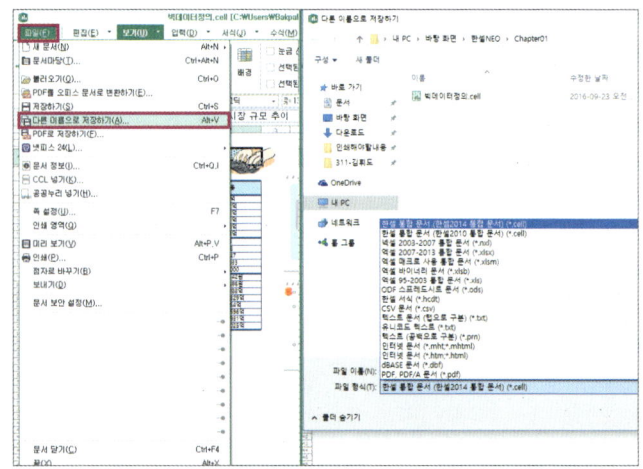

연습문제 풀어보기!

1 화면의 크기를 70% 축소, 눈금선과 행/열 머리글 표시하지 않게 작업 화면을 설정하고 [기본 도구 상자]를 접어 작업 화면을 넓게 표시해 봅니다.

`예제파일` Chapter01₩연습문제1_시작.cell

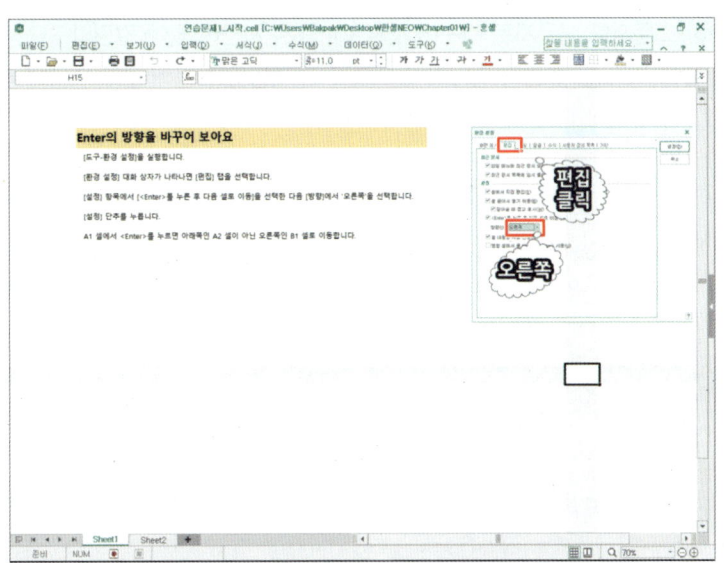

2 [F1] 워크시트의 이름을 '한셀 도움말'로 변경해 봅니다.

`예제파일` Chapter01₩연습문제2_시작.cell

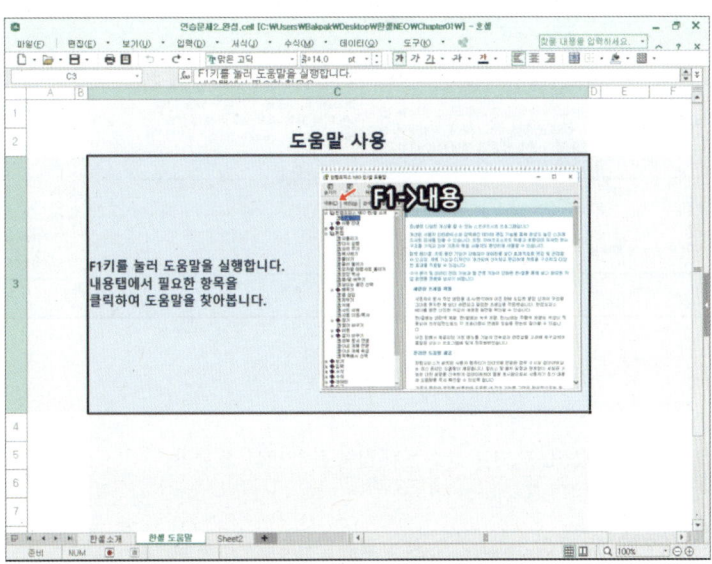

Chapter 02

빅데이터 분석 종류는 무엇이 있을까?

텍스트 마이닝, 오피니언 마이닝 등 빅데이터 분석 종류에 해당하는 글자를 한글, 영어, 특수 문자로 표현해 봅니다. 영어 소문자를 대문자로 바꾸어야 할 때, 너무 시간이 많이 걸린다구요? 영어 대/소문자 변경, 한글과 같은 특수 문자 입력 기능이 있으므로 이 기능을 활용해 문서 내용을 더욱더 풍부하게 작성해 보세요.

무엇을 배우나요?

★ 셀에 한글을 입력하고 편집하는 방법을 학습합니다.

★ 셀에 영어를 입력하고 대/소문자를 한꺼번에 변경하는 방법을 학습합니다.

★ 셀에 특수 문자를 입력하는 방법을 학습합니다.

완성화면 미리보기

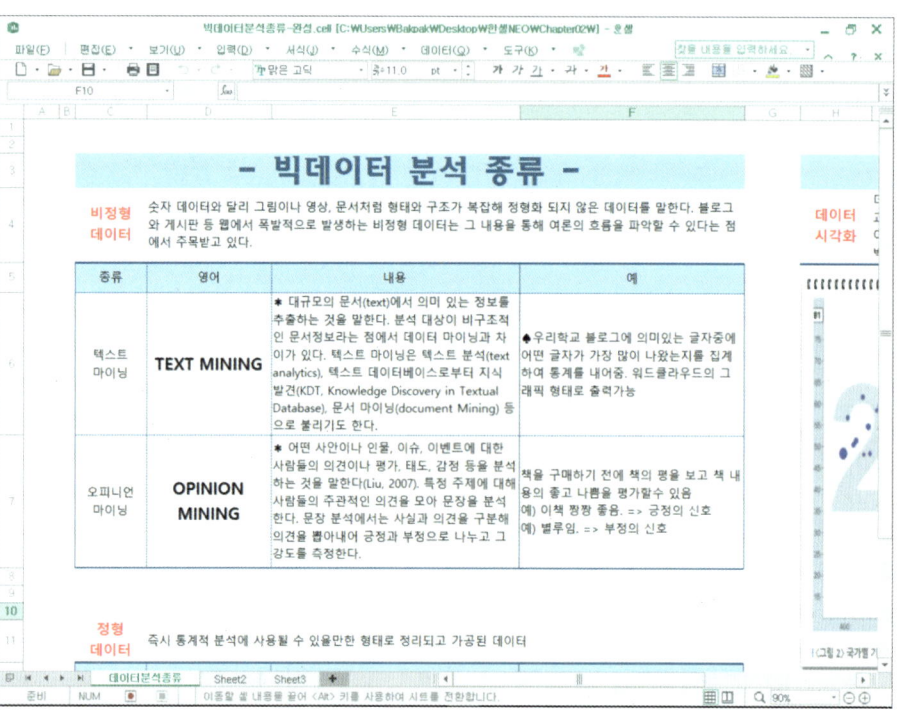

수업 길잡이

난이도 ★☆☆☆☆

예제파일 Chapter02\빅데이터분석종류.cell

학습기능 한글·영어 입력, 영어 대/소문자 변환, 특수 문자 입력, 문서 편집, 줄 분리

🔍 **이 학습과 예제를 통해** 빅데이터 분석 종류와 내용을 알아보고 한글, 영어, 특수 문자로 풍부하게 표현할 수 있어요. 작성된 한글은 필요한 장소에서 줄을 강제로 나눌 수도 있고 영어는 글자 바꾸기 기능을 이용해서 영어 소문자를 대문자로 모두 한꺼번에 변경할 수도 있어요. 셀에 입력된 많은 양의 자료는 수식 입력줄을 자세하게 표시해서 한 번에 많이 볼 수도 있죠.

한글 입력하고 줄 분리하기

1 예제파일을 열고 [C6] 셀을 클릭하고 '텍스트'
를 입력한 뒤 `Alt`+`Enter`를 눌러 강제 줄
분리한 다음 '마이닝'을 입력합니다.

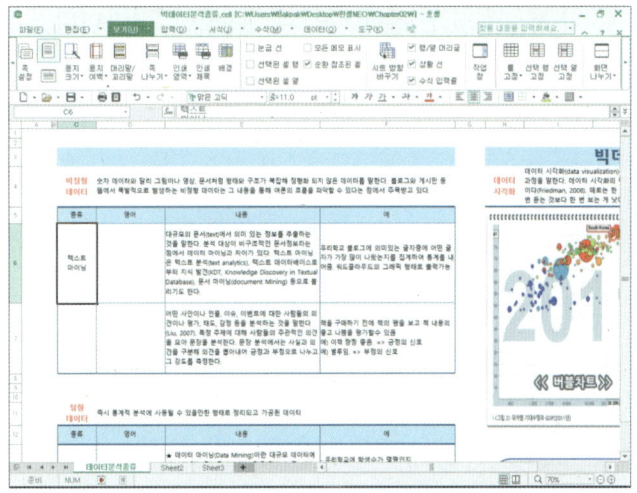

2 [C7] 셀을 클릭하고 '오피니언'을 입력한 뒤
`Alt`+`Enter`를 눌러 강제 줄 분리한 다음
'마이닝'을 입력합니다.

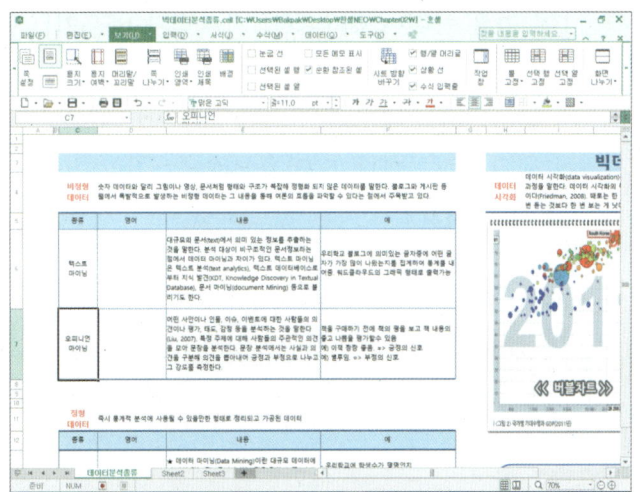

3 [D3] 셀을 클릭한 뒤 작은따옴표(')를 입력하
고 ' ' - 빅데이터 분석 종류 -'를 입력한 뒤
`Enter`를 누릅니다. [D3] 셀에 '-빅데이터 분
석 종류-'가 입력됩니다.

 **TIP**

한셀에서는 첫 글자에 =, +, - 의 기호가 있을 때
계산식으로 인식하므로 작은따옴표(')를 입력해 모
든 글자를 문자화해야 합니다.

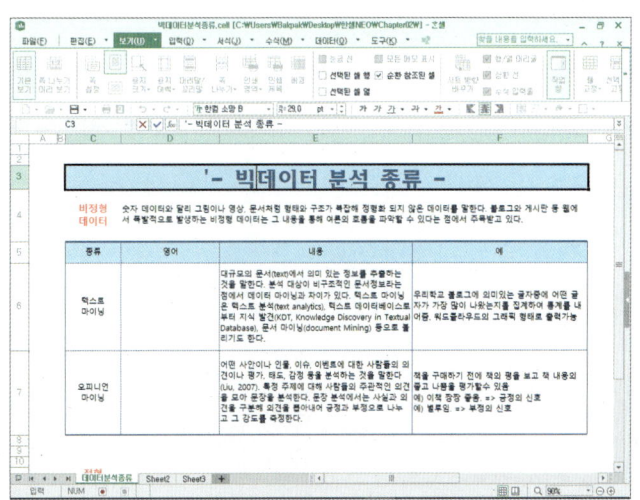

영어 입력하고 대/소문자 변환하기

1 [D6] 셀, [D7] 셀에 다음의 내용을 입력합니다.

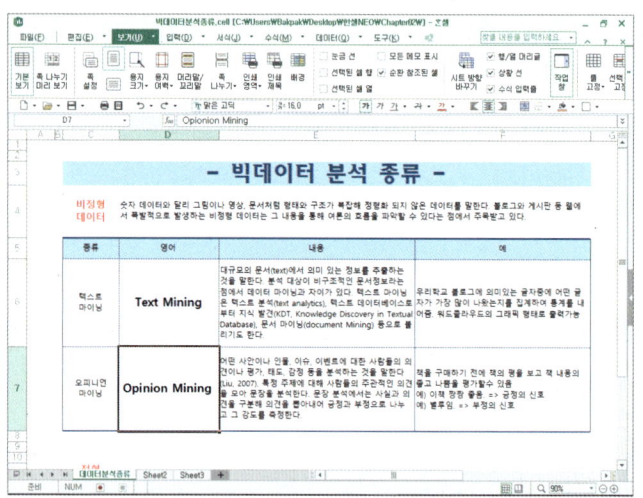

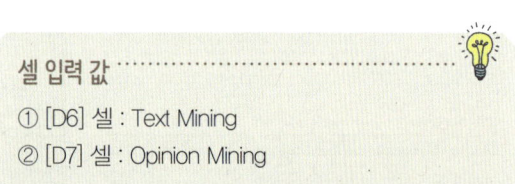

셀 입력 값 ·······························

① [D6] 셀 : Text Mining

② [D7] 셀 : Opinion Mining

2 [D] 열을 클릭한 뒤 [편집] 탭-[글자 바꾸기]( )를 클릭하여 [대문자/소문자 바꾸기]를 선택합니다. [대문자/소문자 바꾸기] 대화상자에서 [모두 대문자로]를 선택하고 [바꾸기]를 클릭합니다.

3 Text Mining → TEXT MINING으로 변경됩니다.

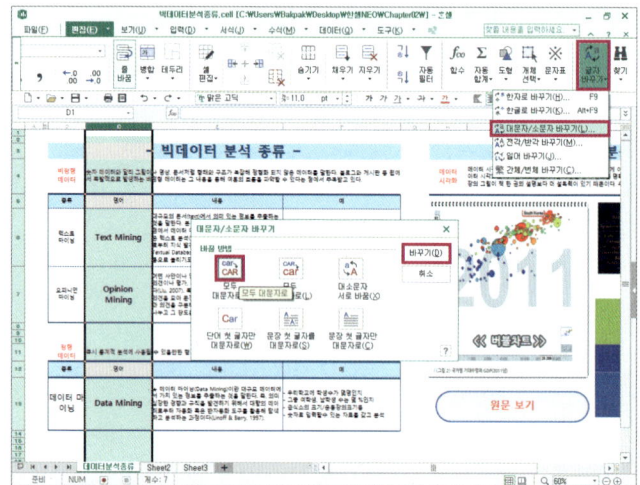

1 [E6] 셀을 클릭한 뒤 수식 입력줄의 [자세히] (⯆)를 클릭하여 수식 입력줄의 내용을 많이 볼 수 있도록 변경합니다.

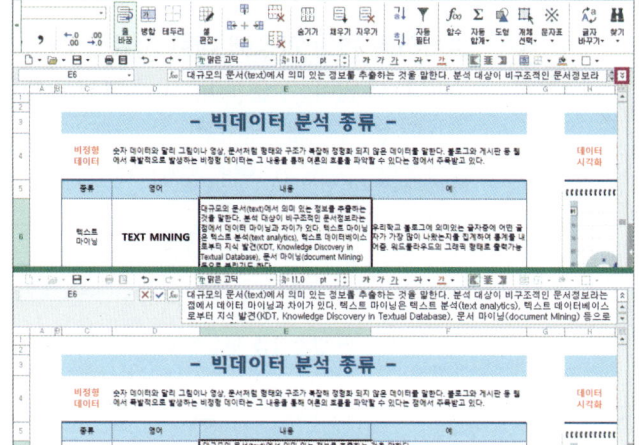

TiP

[셀 내용 편집] 단축키 : **F2**

2 [E6] 셀의 첫 위치에 커서를 위치시키고 [입력] 탭-[문자표](※)를 클릭하여 [문자표]를 선택합니다.

3 [문자표 입력] 대화상자의 [유니코드 문자표] 탭-[딩뱃 기호]-[✶]를 선택한 뒤 [넣기]를 클릭합니다.

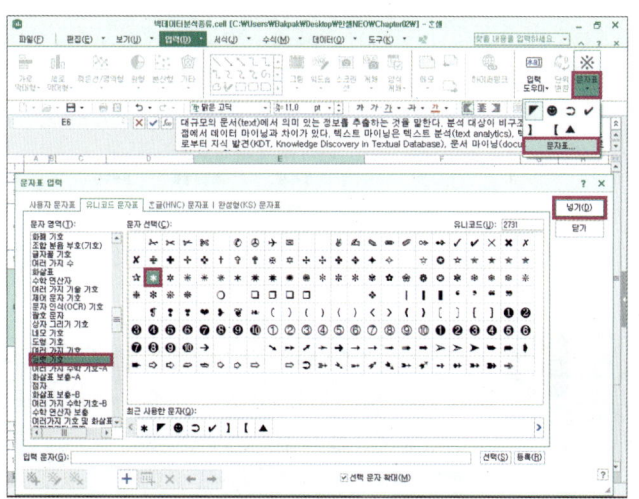

4 셀에 특수 문자가 입력됩니다. [F6] 셀의 첫 위치에 커서를 위치시키고 한글 자음 'ㅁ'을 입력한 뒤 **한자**를 눌러 나타나는 특수 문자 [♠]를 선택하고 [바꾸기]를 클릭합니다.

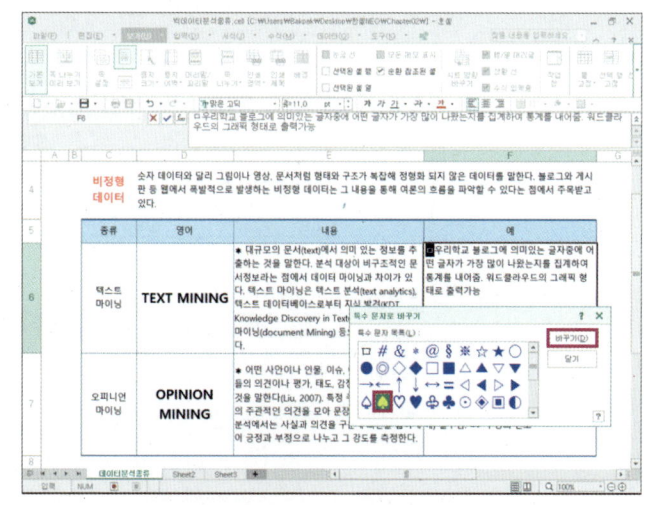

TiP

특수 문자 입력 방법 : 한글 자음 ㄱ~ㅎ 입력 후 **한자**

Let's Practice!

연습문제 풀어보기!

1 열차이름 변천 과정에 대한 자료를 다음과 같이 편집해 봅니다.

① [C3] 셀 입력 : - 열차이름 변천과정 - ② [C5] 셀 입력 : ※ 제1기 : 1945년 이전
③ [D7] 셀, [E7] 셀 : 줄 분리

예제파일 Chapter02₩연습문제1_시작.cell

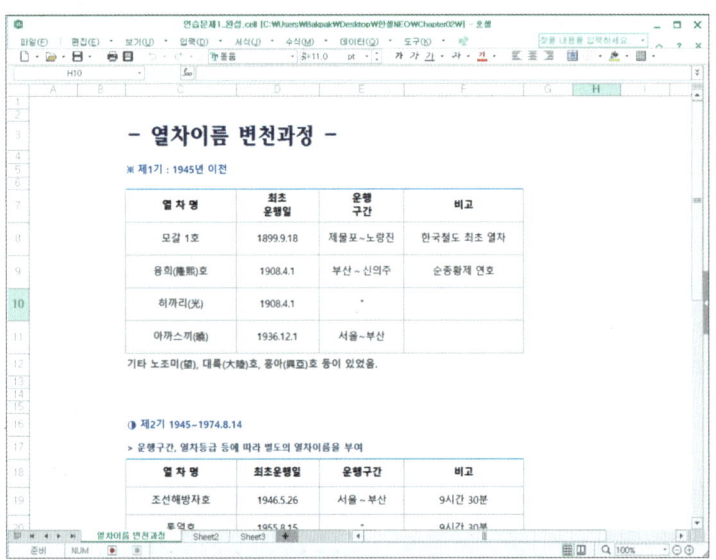

2 대한민국에 대해 작성되어 있는 자료를 다음과 같이 편집해 봅니다.

① [B3] 셀 : 대한민국(大韓民國) → 대한민국(大韓民國, Republic of Korea)
② [B8:B11] 셀 : 대/소문자 변경

예제파일 Chapter02₩연습문제2_시작.cell

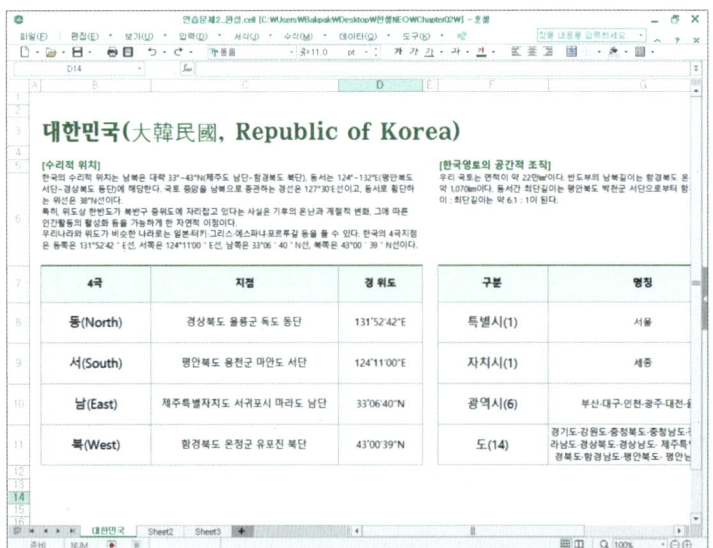

Chapter 03

국가에서 제공하는 공공데이터는 무엇일까?

국가가 제공하는 '공공데이터'에서 다운로드 받은 전국 축제자료의 글자 사이 간격을 똑같이 조정하고 셀의 색을 그림의 색과 똑같은 색으로 변경해 봅니다. 700여 건의 글자 사이 간격을 Space Bar 로 조절하려면 너무 많은 시간이 걸려요. 그림의 색과 똑같은 색은 어떻게 알아낼 수 있을까요? 한셀이 제공하는 글자, 셀 서식을 적용하여 손쉽게 축제 데이터의 서식을 변경해 보세요.

무엇을 배우나요?

★ 글자 색, 글자 크기 등 글자 속성을 변경하는 방법을 학습합니다.

★ 셀의 색을 지정하는 다양한 방법을 학습합니다.

★ 가운데 정렬, 배분 정렬, 줄 바꿈 기능의 셀 서식을 학습합니다.

완성화면 미리보기

수업 길잡이

난이도	★★☆☆☆
예제파일	Chapter03₩공공데이터.cell
학습기능	텍스트 서식, 셀 범위 지정, 셀 채우기 색 변경, 셀 정렬, 셀 배분 정렬, 줄 바꿈

🔍 **이 학습과 예제를 통해** 공공기관이 갖고 있는 자료인 공공데이터를 다운로드 받아 손쉽게 분석할 수 있어요. 셀 제목 중 강조하고 싶은 글자를 더 크게 하고 색을 다르게 하여 강조할 수도 있어요. 또한 축제명과 개최장소 셀에 색을 넣어서 다른 내용보다 더 눈에 띄게 할 수도 있어요. 방대한 자료에 셀 서식 적용을 하면 한눈에 알아보기 쉬워요.

1 예제파일을 열고 [B2] 셀을 클릭하고 [서식] 탭-[글자 색]([가]) 펼침 단추(·)를 클릭하여 [색상 테마]-[주황]을 선택하여 제목 색을 주황 계열로 변경합니다.

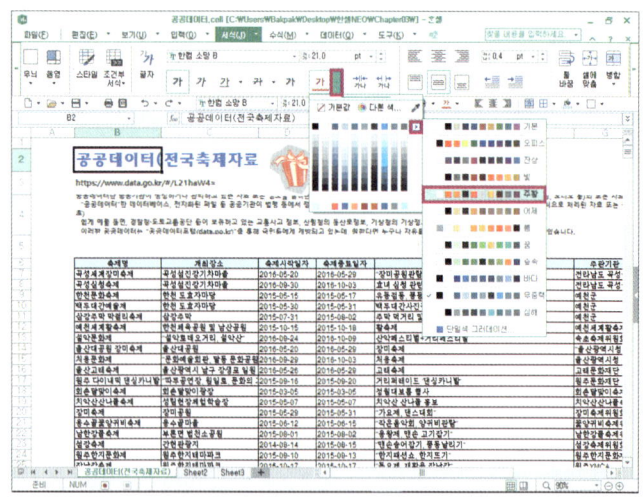

2 [B2] 셀을 더블클릭하여 '공공'을 범위 지정하고 [서식 도구 상자]의 [글자 크기 크게]([▲])를 클릭하여 '32pt'로 변경합니다. [글자 색]([가]) 펼침 단추(·)를 클릭하여 [하양 30% 어둡게]를 선택합니다.

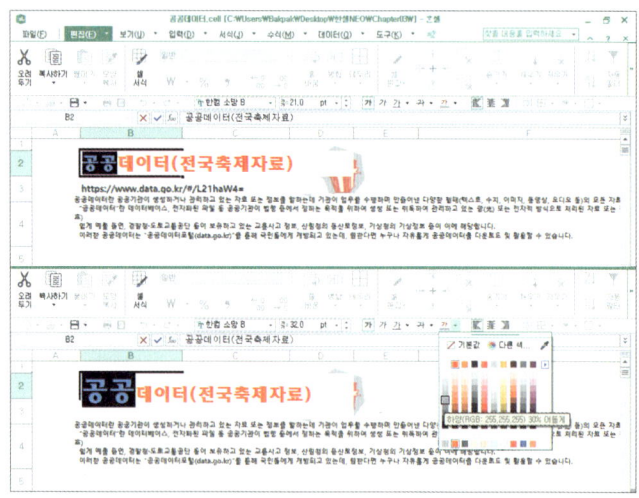

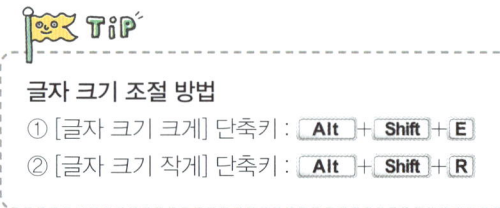

TiP

글자 크기 조절 방법
① [글자 크기 크게] 단축키 : Alt + Shift + E
② [글자 크기 작게] 단축키 : Alt + Shift + R

3 [B4] 셀을 클릭하고 [서식] 탭-[자간 줄이기]([가나])를 두 번 클릭하여 불필요하게 줄이 분리된 부분을 한 줄로 표시합니다.

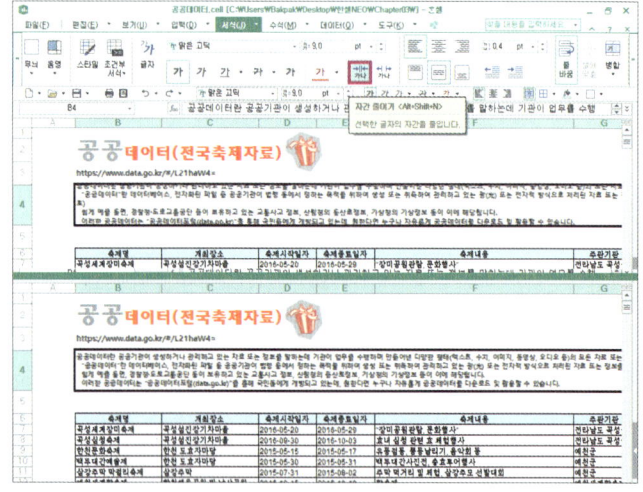

1 [B6] 셀을 클릭하고 [범위 확장] 단축키 **Ctrl** +**Shift**+**↓**를 눌러 범위 지정하고 [서식 도구 상자]의 [채우기](🖌️ ▾) 펼침 단추(▾)를 클릭하여 주황색 계열을 선택하여 색을 채웁니다.

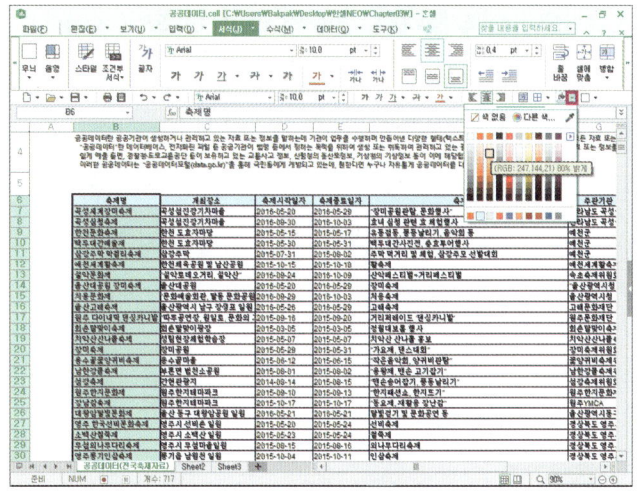

2 [C6] 셀을 클릭하고 **Ctrl**+**Shift**+**↓** 눌러 범위 지정하고 [서식 도구 상자]의 [채우기](🖌️ ▾)의 펼침 단추(▾)를 클릭,[색 골라내기](🖋️)를 클릭하고 그림 위에 마우스 포인터를 갖다놓고 클릭합니다.

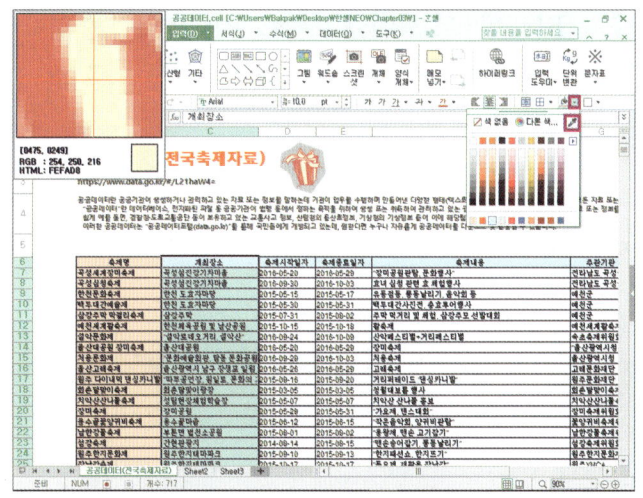

3 [전체 셀]을 클릭한 뒤 [서식 도구 상자]의 [가운데 정렬](≡)을 클릭하여 모든 셀을 가운데 정렬하고 [2] 행을 클릭한 뒤 [서식 도구 상자]의 [왼쪽 정렬](≡)를 클릭해 왼쪽 정렬합니다.

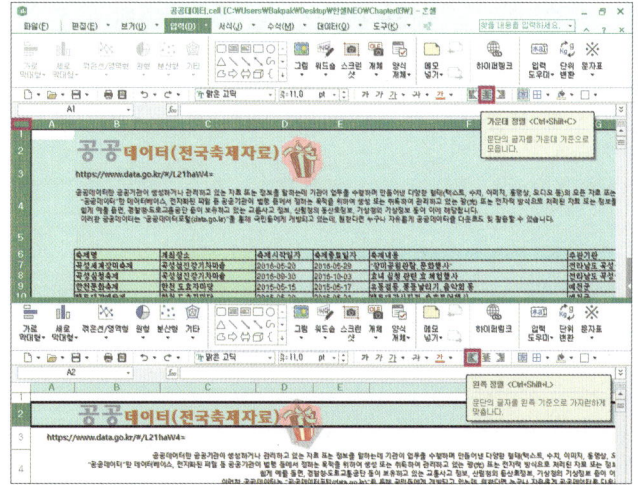

1 [B7] 셀을 클릭하고 [범위 확장] 단축키 Ctrl +Shift+↓를 눌러 범위 지정한 뒤 [서식] 탭-[셀 서식](📝)을 클릭합니다. [셀 서식] 대화상자의 [맞춤] 탭-[가로]-[배분 정렬]을 선택한 뒤 [설정]을 클릭합니다.

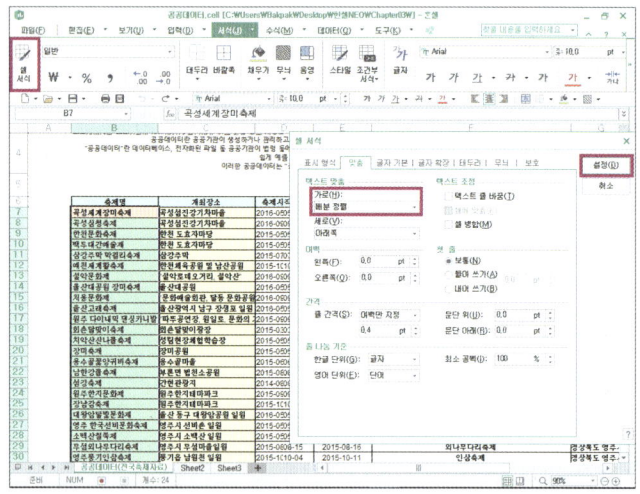

2 [B]와 [C] 열 사이를 드래그하여 열 너비를 넓히면 글자 사이가 같은 간격으로 자동으로 조정됩니다.

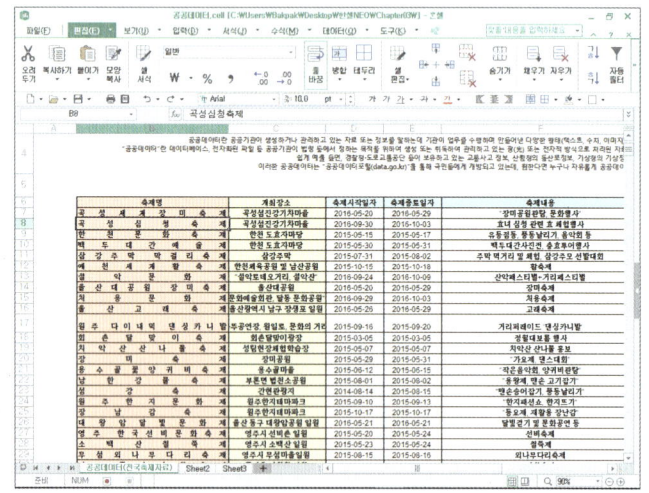

3 [C] 열을 클릭하고 [서식] 탭-[줄 바꿈](📄)을 클릭하면 [C] 열 너비보다 글자 수가 많은 자료가 자동으로 두 번째 줄로 내려가 표시됩니다.

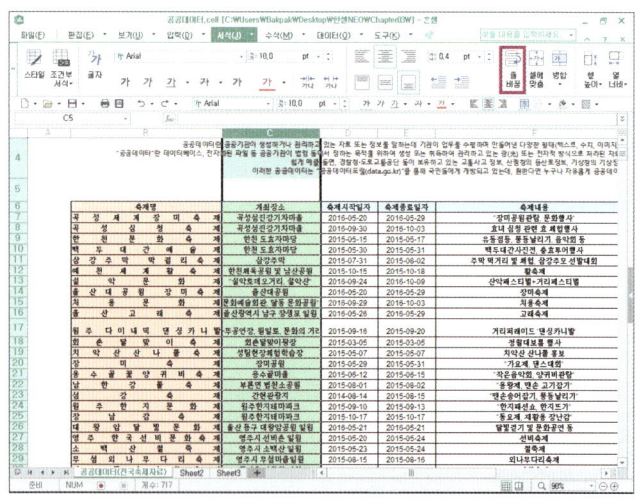

연습문제 풀어보기!

1 **[항공용어 해설] 워크시트의 자료를 다음과 같이 설정해 봅니다.**

① 전체 셀 : 글꼴(맑은고딕), 크기(11pt), 가운데 정렬   ② [B2:D2] 셀 : 글꼴(맑은고딕), 크기(20pt), 글자 색([A1] 셀의 비행기 그림 색)   ③ [C4:D4] 셀 : 셀 채우기([A1] 셀의 비행기 그림 색), 글자 색(흰색)

`예제파일` Chapter03₩연습문제1_시작.cell

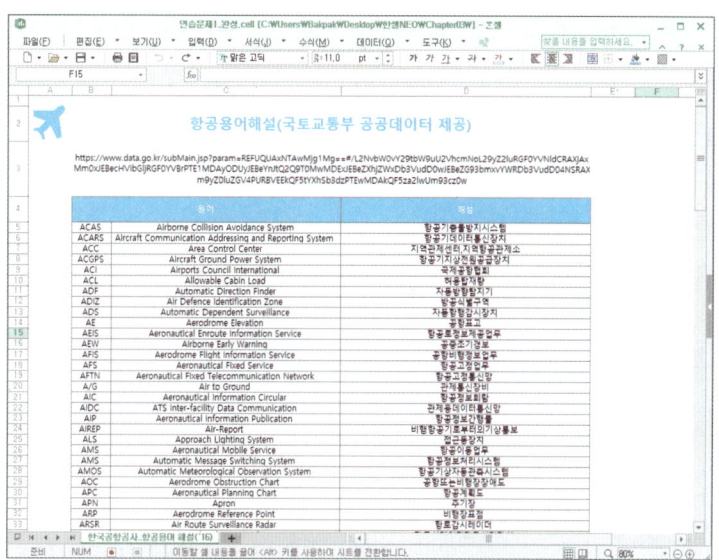

2 **[속초시 문화재 보유 현황] 워크시트의 자료를 다음과 같이 설정해 봅니다.**

① [E7:E32] 셀, [G7:G32] 셀 : 줄 바꿈   ② [F7:F32] 셀, [I7:I32] 셀 : 가로 배분 정렬, 왼쪽/오른쪽 여백(0.3pt)

`예제파일` Chapter03₩연습문제2_시작.cell

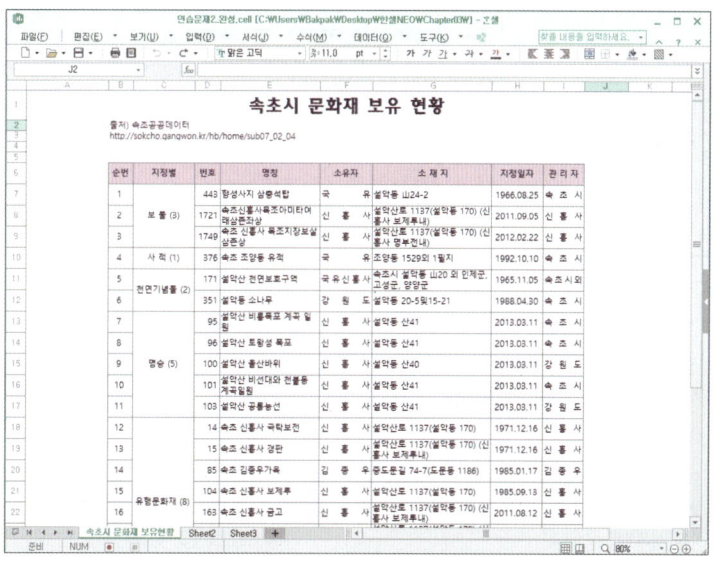

식중독 예방법은 무엇이 있을까?

식중독 서비스 단계별 행동 요령 자료에서 두 개 이상의 셀을 하나로 합치거나 셀의 테두리를 그리는 표 작업을 수행해 봅니다. 같은 작업은 반복 실행하거나 같은 서식을 다른 셀에 쉽게 복사할 수 있어요. 다양한 서식을 설정하고 다른 셀에 반복 실행하는 방법을 배워 표를 쉽게 작성해 보세요.

무엇을 배우나요?

★ 두 개 이상의 셀을 한 개로 합치는 셀 병합 기능을 학습합니다.

★ 마지막 작업을 반복 실행하는 기능을 학습합니다.

★ 표 테두리 작성하는 방법을 학습합니다.

★ 셀에 적용된 서식을 다른 셀에 설정하는 모양 복사 방법을 학습합니다.

완성화면 미리보기

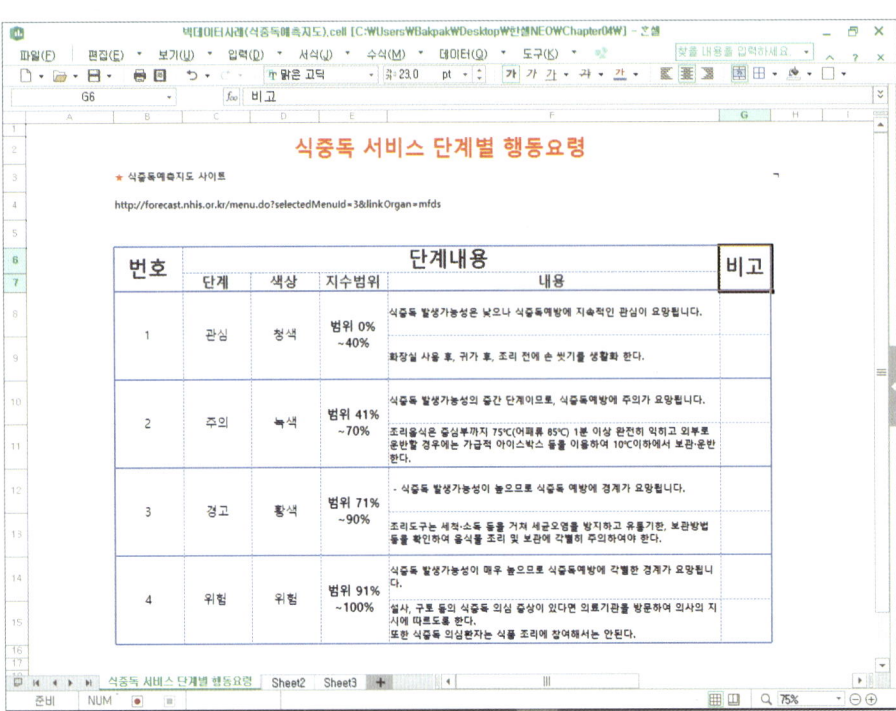

수업 길잡이

난이도 ★★☆☆☆

예제파일 Chapter04\빅데이터사례(식중독예측지도).cell

학습기능 셀 병합, 작업 반복 실행, 테두리 작성, 모양 복사

🔍 **이 학습과 예제를 통해** 식중독 예방법을 알 수 있어요. 자료에서 같은 단계끼리 묶어 이해하기 쉬운 표로 작성할 수 있어요. 글자를 보존하며 셀을 합칠 수 있고, 작업을 반복 실행하여 같은 작업을 다시 하는 번거로움을 없앨 수도 있어요. 다른 셀에 같은 서식을 여러 번 적용해 표 자료를 통일해 읽기 좋게 표현할 수 있어요.

셀 병합하기

1 예제파일을 열고 [B2:G2] 셀을 범위 지정한 뒤 [편집] 탭-[병합]( )을 클릭합니다.

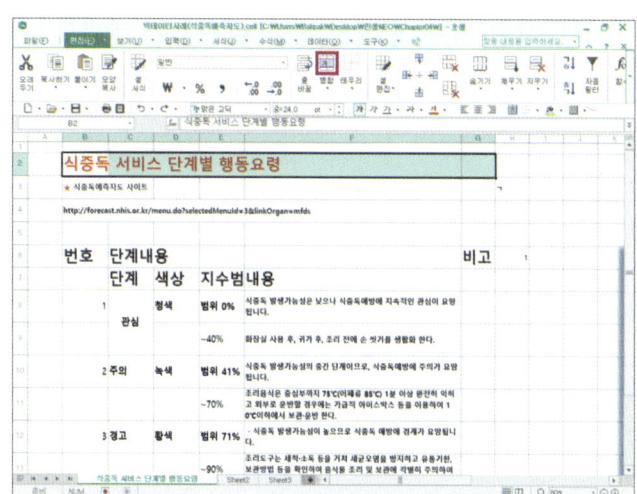

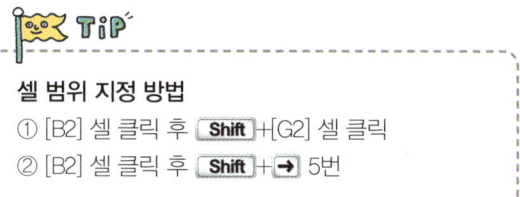

셀 범위 지정 방법
① [B2] 셀 클릭 후 **Shift**+[G2] 셀 클릭
② [B2] 셀 클릭 후 **Shift**+➡ 5번

2 [B6:B7] 셀을 범위 지정한 뒤 **F4**를 눌러 방금 전 작업한 셀 병합 작업을 반복합니다. 다음의 범위도 각각 셀 병합을 반복합니다.

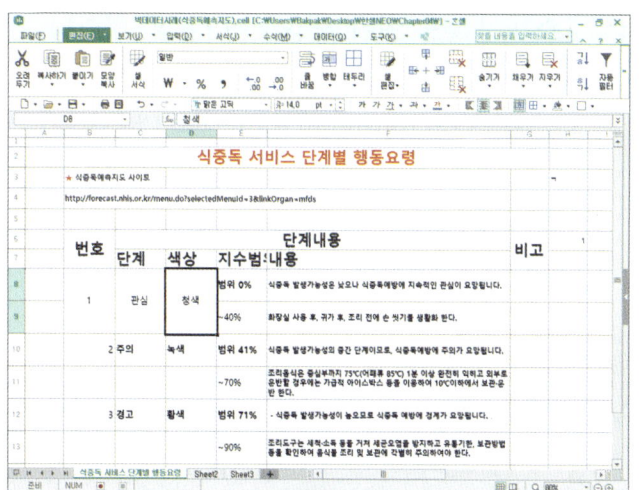

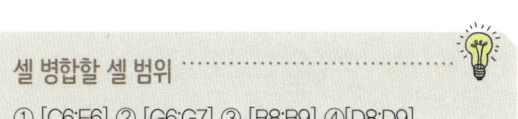

셀 병합할 셀 범위 ⋯⋯⋯⋯⋯⋯⋯⋯⋯
① [C6:F6] ② [G6:G7] ③ [B8:B9] ④[D8:D9]

1 [B8:D9] 셀을 범위 지정한 뒤 [편집] 탭-[모양 복사(📋)]를 클릭하고 [B10:D15] 셀 범위까지 드래그하여 셀 병합을 복사합니다.

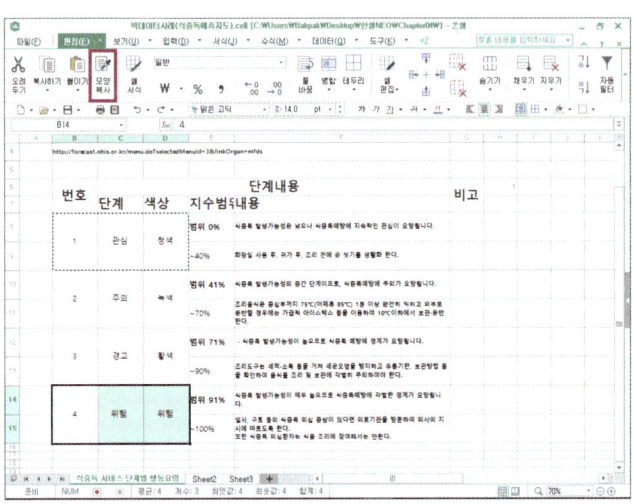

🚩 **TiP**

모양 복사 실행 방법
① [모양 복사] 단축키 : `Alt` + `C`
② 모양 복사 여러 번 실행 : 모양 복사(📋) 더블클릭 후 실행 → `Esc` 눌러 종료

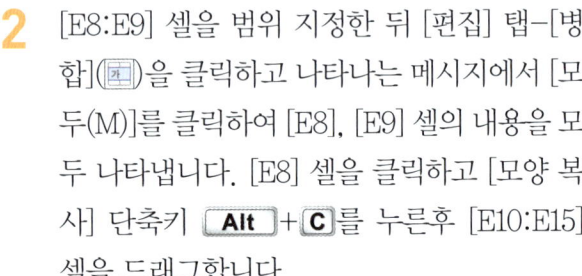

2 [E8:E9] 셀을 범위 지정한 뒤 [편집] 탭-[병합(⊞)]을 클릭하고 나타나는 메시지에서 [모두(M)]를 클릭하여 [E8], [E9] 셀의 내용을 모두 나타냅니다. [E8] 셀을 클릭하고 [모양 복사] 단축키 `Alt` + `C`를 누른후 [E10:E15] 셀을 드래그합니다.

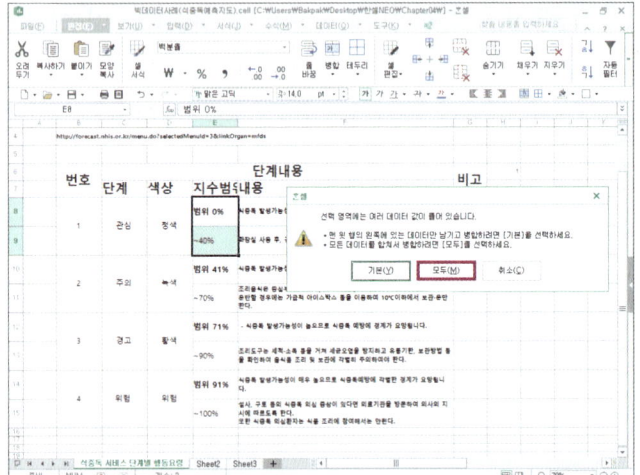

🚩 **TiP**

한셀에서는 두 개 이상의 텍스트가 있는 셀 병합 시 모든 텍스트를 남길 수 있습니다.

1 [B6:G15] 셀 범위 중 임의 셀을 클릭하고 [모두 선택] 단축키 **Ctrl**+**A**를 눌러 표 전체를 범위 지정합니다.

2 [편집] 탭-[테두리](⊞)를 클릭하여 [다른 테두리]를 선택합니다.

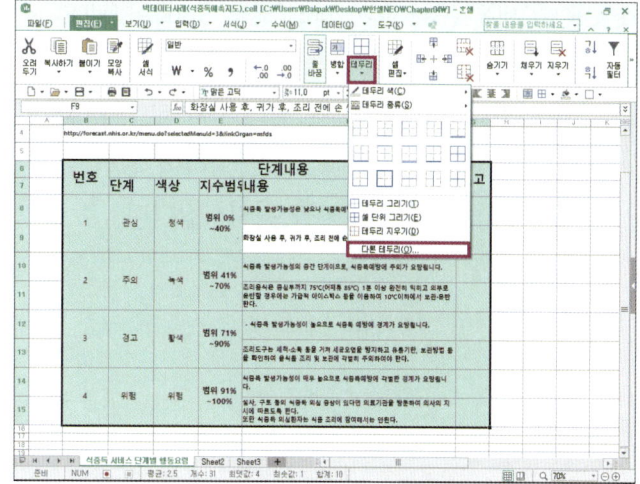

3 [셀 서식] 대화상자에서 [테두리] 탭-[종류]-[실선](━━)을 클릭하고 [색] 펼침 단추(▾)를 클릭하여 파란색 계열을 선택한 뒤 [바깥쪽](▢)을 클릭합니다.

4 [테두리] 탭-[종류]-[점선](------)을 클릭하고 [안쪽](⊞)를 클릭한 뒤 [설정]을 클릭합니다.

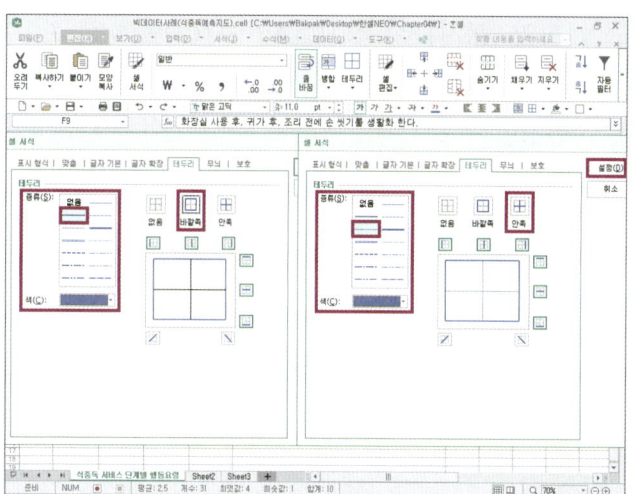

5 [B6:G7] 셀을 범위 지정한 뒤 **F4**를 눌러 굵은 바깥쪽, 안쪽 점선 테두리를 반복 실행합니다. [B8:G9], [B10:G11], [B12:G13], [B14:G15] 셀 범위도 각각 범위 지정 후 **F4**를 눌러 테두리 작성을 반복합니다.

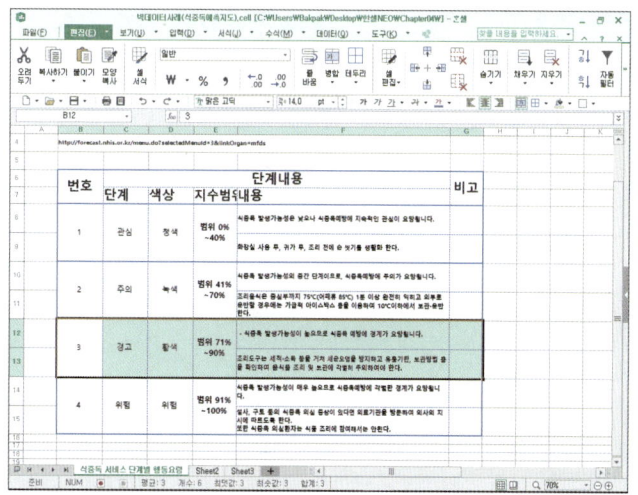

복합 셀 서식 모양 복사하기

1 [C7] 셀을 클릭하고 [서식 도구 상자]의 [채우기]( ) 펼침 단추( )를 클릭하여 회색 계열 색을 선택하고 [글자 크기]를 '16pt'로 변경합니다. [가운데 정렬]( )을 클릭하여 셀의 왼쪽 오른쪽 중앙에 글자를 위치시킵니다.

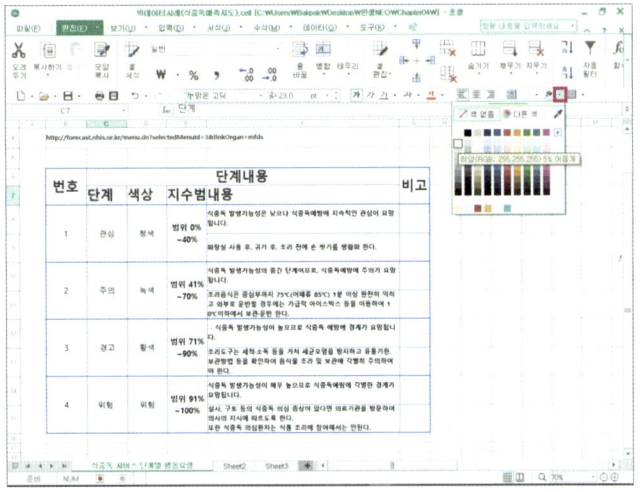

2 [모양 복사] 단축키 Alt + C 를 누르고 [C7:F7] 셀 범위를 드래그하여 제목 서식을 변경합니다.

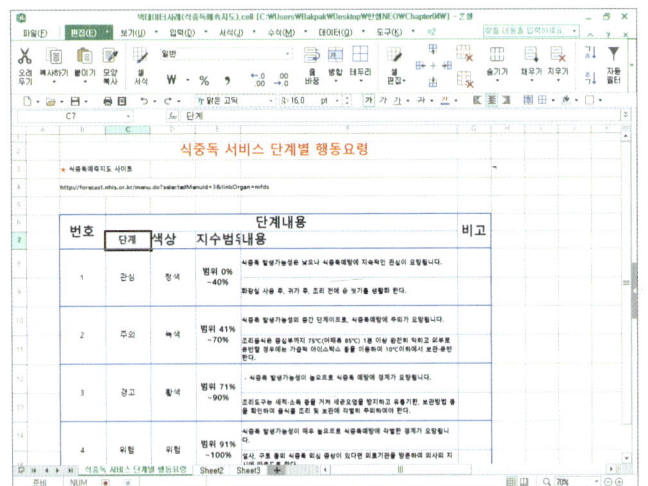

연습문제 풀어보기!

1 관광객 입장 현황 자료에서 [반복 실행] 단축키 F4를 이용하여 다음의 셀 범위에 셀 병합과 테두리 적용을 해 봅니다.

① 셀 병합 : [B1:J1], [B4:B7], [B8:B11], [B12:B15]
② 바깥쪽 실선, 안쪽 점선 테두리 : [E3:J15], [B3:J3], [B4:J7], [B8:J11], [B12:J15]

예제파일 Chapter04₩연습문제1_시작.cell

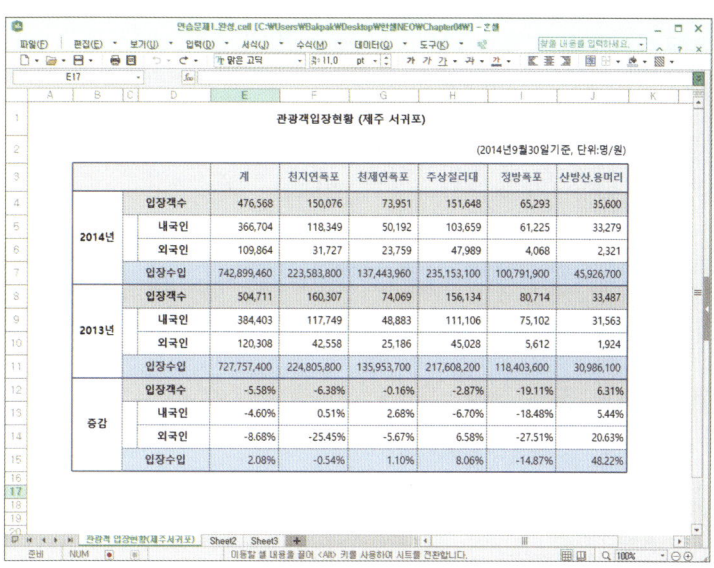

2 구급차현황(2002-2013) 자료의 미리 작성된 서식을 다음의 셀 범위에 모양 복사해 봅니다.

① [D8:E19] 셀 범위 모양 복사 후 적용 : [F8:G19], [H8:I19]
② [C9] 셀 모양 복사 후 적용 : [C12], [C14], [C17]

예제파일 Chapter04₩연습문제2_시작.cell

빅데이터를 분석한 사례는 무엇이 있을까?

콘텐츠 빅데이터 분석 사례 자료의 행/열을 편집하거나 입력된 자료 앞에 글머리를 추가하여 자료를 읽기 좋게 만들어 봅니다. 문서 편집 기능을 이용하여 자료를 한눈에 볼 수 있도록 정리해 보세요.

무엇을 배우나요?

★ 행 삽입과 삭제 방법을 학습합니다.

★ 불필요한 열을 화면에서 잠시 숨기는 방법을 학습합니다.

★ 열 너비를 조정하고 균등하게 분할하는 방법을 학습합니다.

★ 한글 표에서 사용했던 단축키를 사용할 수 있는 방법을 학습합니다.

완성화면 미리보기

콘텐츠 빅데이터 분석사례

분류	콘텐츠	내용
음악	음악가를 발굴하는 알고리즘: Polyphonic HMI	■ 아마추어 음악가가 자신의 음악을 해당 웹사이트에 올리고 50달러를 지불하면 업로드한 음악의 성공 가능성을 분석해 주는 알고리즘 ■ 아마추어 음악가들은 시장에 음반을 출시한 적이 없기 때문에 음반사들과의 계약에 어려움을 겪고 음반 출시가 무한정 지연되는 경우가 많음 ■ 이러한 아마추어 음악가가 Polyphonic 알고리즘을 이용하여 곡의 성공 가능성을 측정하면 음반사는 이 사이트에 올라온 높은 점수를 기록한 아마추어 음악가와 계약 체결하여 음반을 제작함으로서 불확실성 관리가 가능 ■ 실제로 Ben Novak, Maroon 5 등은 이러한 알고리즘을 통해 발굴된 스타
음악	David Cope	■ 베토벤, 모차르트, 바하, 헨델 등 유명 클래식 작곡가의 패턴을 분석하고 이를 바탕으로 스스로 작곡을 하는 알고리즘을 개발 ■ 이 bot의 이름은 Emmy, Emily Howell, Annie로 진화했으며 최종적으로 음악을 학습하는 알고리즘으로 발전되어 많은 오페라 등을 창작
음악	샤잠(Shazam)	■ 일상생활에서 접하는 노래의 원곡을 알려주는 앱(App). 이들은 스마트폰을 통해 수집된 사운드 웨이브 정보를 데이터베이스에 내장된 정보와 매칭하여 오리지널 곡의 정보를 사용자에게 알려줌 ■ 샤잠의 빅데이터 기술은 다양한 방식으로 확대되고 있으며 광고에 삽입된 음악뿐만 아니라 일반 방송 프로그램의 음성 정보까지 데이터베이스화하여 특정 음성이 어디에서 나오는지 소비자에게 알려 주어 그 콘텐츠를 구매, 소비하도록 알려 주는 비즈니스로 나아가고 있음
분류	콘텐츠	내용
	영화 스크립트의 성공 가능성을 분석해주는 알고리즘: Epagogix	■ 영화 역시 불확실성이 매우 높은 비즈니스이며 특정 스크립트의 성공 여부를 점치는 것은 투자 결정에 중요한 부분이었음 ■ Epagogix는 영화 스크립트를 읽은 사람들이 수 백 개의 항목에 대해 점수를 주면 그 점수를 기반으로 영화 의 성공 가능성을 알려주는 프로그램 ■ 이 평가항목에는 주인공의 도덕적 성격, 스토리의 복잡성, 러브스토리의 전개, 영화의 엔딩(ending) 등이 포함되어 있음 ■ 할리우드의 대작들은 실패할 경우 영화사 자체의 존립을 위협할 만큼 피해가 크기 때문에 메이저 영화사들은 이 알고리즘을 활용하여 리스크 관리

수업 길잡이

난이도 ★★☆☆☆

예제파일 Chapter05\콘텐츠빅데이터분석사례.cell

학습기능 행 삽입/삭제 · 복사 · 붙이기, 열 숨기기, 열 너비 조정, 열 너비 균등분할, 한글 표 단축키 사용

🔍 **이 학습과 예제를 통해** 빅데이터 콘텐츠 분석 사례를 알 수 있어요. 표로 만들어 분류하고 제목을 반복하거나 불필요한 행을 삭제, 열은 숨기기하여 좀 더 보기 좋은 표의 형태로 수정할 수 있어요. 음악과 영화 분야에서도 빅데이터가 다양하게 활용된다는 사실을 쉽게 알아 볼 수 있어 빅데이터에 대한 관심을 더 높일 수가 있어요.

1 예제파일을 열고 [4:5] 행 범위 지정한 뒤 [편집] 탭-[셀 편집](📝)을 클릭하여 [셀을 위로 밀기]를 선택하여 [4:5] 행을 삭제합니다.

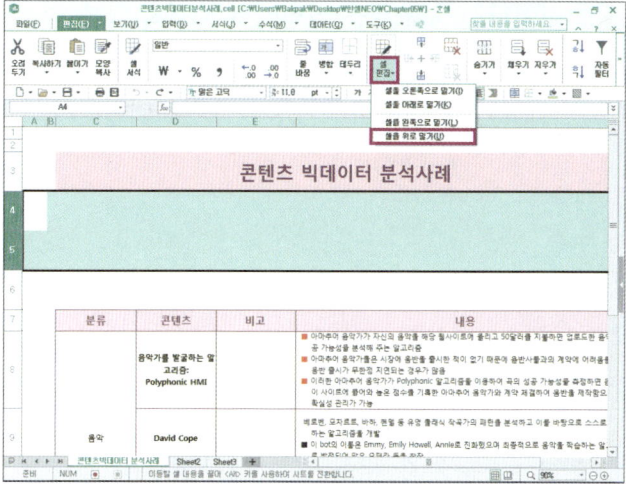

2 [9] 행을 클릭하고 [편집] 탭-[셀 편집](📝)을 클릭하여 [셀을 아래로 밀기]를 두 번 선택하여 두 개의 빈 행을 추가합니다.

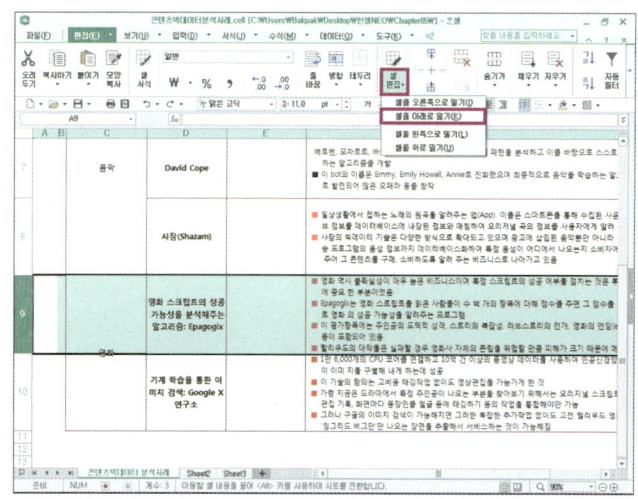

3 제목이 있는 [5] 행을 클릭하고 [편집] 탭-[복사하기](📋)를 클릭합니다.

4 [10] 행을 클릭하고 [편집] 탭-[붙이기](📋)를 클릭하여 제목을 붙여넣기하고 [9] 행의 테두리를 없애기 위하여 [9] 행을 클릭하고 [편집] 탭-[지우기](📝)를 클릭하여 [모두]를 선택합니다.

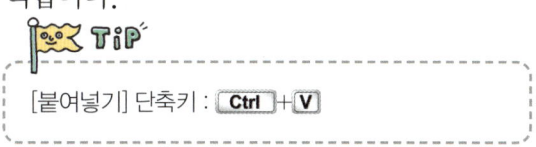

[붙여넣기] 단축키 : **Ctrl**+**V**

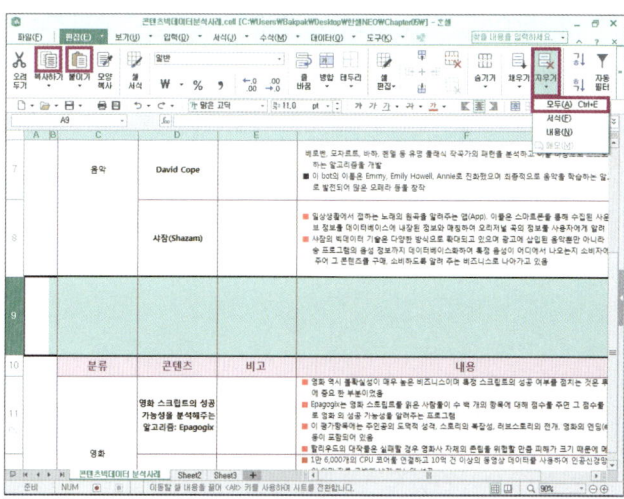

1 비어 있는 [E] 열을 화면에서 보이지 않게 하기 위하여 [E] 열을 클릭하고 [편집] 탭-[숨기기](▥)를 클릭하여 [열 숨기기]를 선택합니다.

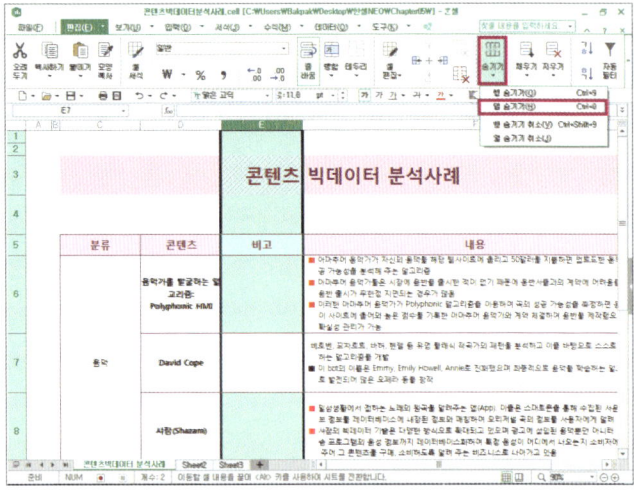

2 [D] 열을 클릭하고 [서식] 탭-[열 너비](▯)를 클릭하여 [열 너비 지정]을 선택하고 [열 너비] 대화상자의 [열 너비]에 '40'을 입력하고 [설정]을 클릭합니다.

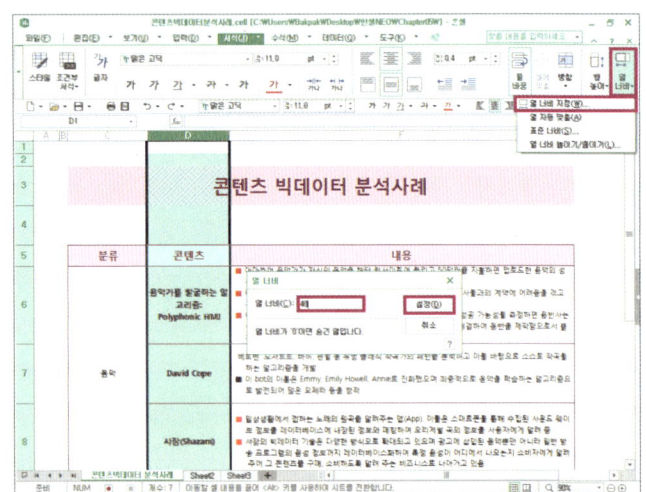

3 [C5:D5] 셀을 범위 지정하고 마우스 오른쪽 버튼을 눌러 [셀 너비를 같게]를 선택합니다.

4 [C] 열의 '15.52'와 D열의 '40' 합의 1/2인 '27.76' 열너비가 [C], [D] 열에 적용됩니다.

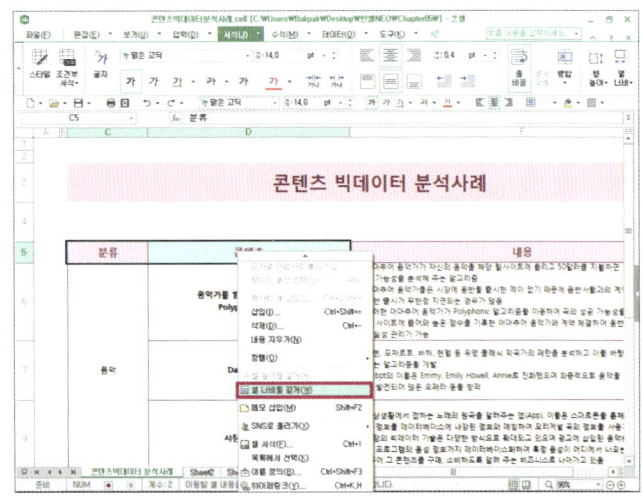

한글 표처럼 단축키 사용하기

1 [C6] 셀을 클릭하고 [도구] 탭–[한글 표처럼 단축키 사용](🔳)을 클릭합니다.

기능	단축키
셀 병합	M
병합 해제	S
행 삽입	Ctrl + Enter
행 삭제	Ctrl + Back Space
행 높이를 같게	H
열 너비를 같게	W

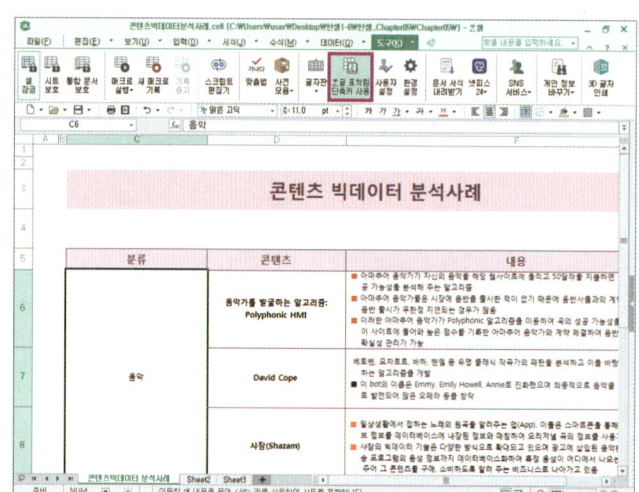

2 S 를 누르면 셀 나누기가 실행됩니다. [C7] 셀을 클릭하고 [복사하기] 단축키 Ctrl + D 를 눌러 '음악'을 [C7] 셀로 복사합니다.

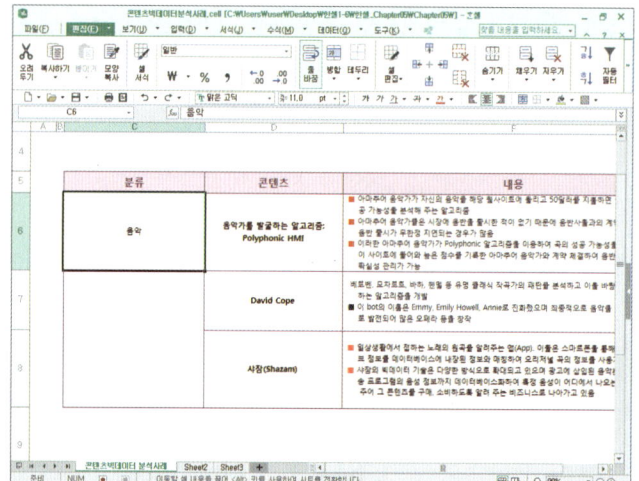

연습문제 풀어보기!

1 '간식', '선물', '학용품' 각 항목 아래에 행을 삽입하고 셀의 색과 합계 금액을 설정해 봅니다.

`예제파일` Chapter05₩연습문제1_시작.cell

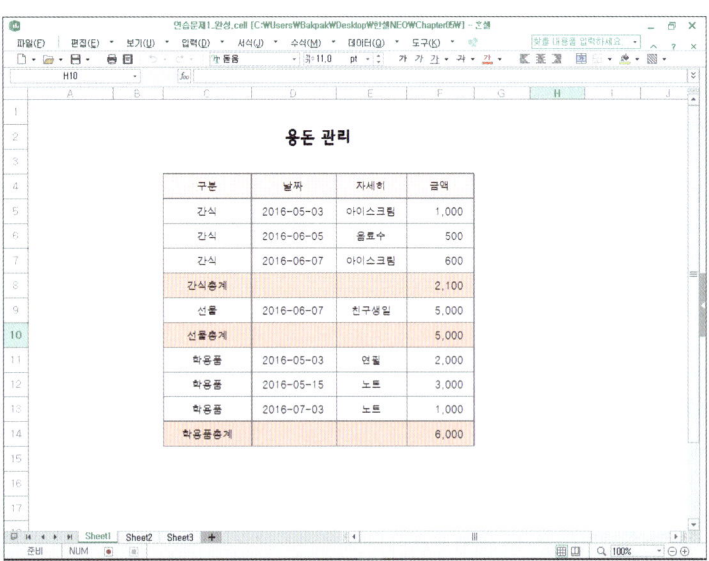

2 [F:J] 열의 너비를 같게 배분한 후 [H], [J] 열을 숨기는 설정을 해 봅니다.

`예제파일` Chapter05₩연습문제2_시작.cell

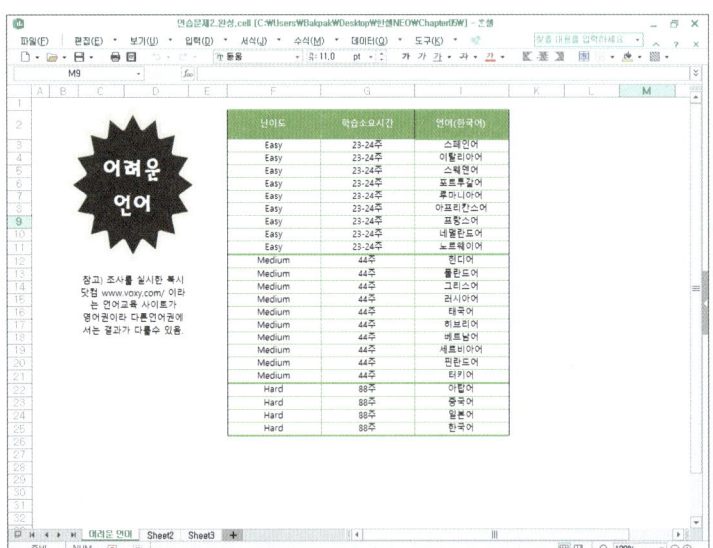

Chapter 06
외국인들이 좋아하는 한류 상품은 무엇일까?

한류가 아주 인기예요. 한류는 한국의 대중문화 열풍을 뜻해요. 우리나라를 방문한 외국인들이 좋아하는 한류 상품은 무엇이 있을까요? 이러한 한류 콘텐츠를 분석한 자료에 도형과 메모를 추가하여 출력 자료를 완성해 봅니다. 메모의 다양성에 대해서도 알아보세요.

무엇을 배우나요?

★ 도형을 삽입하고 도형 안에 글자를 입력하는 방법을 학습합니다.

★ 메모를 삽입하고 메모 복사, 메모에 그림을 채우는 방법을 학습합니다.

★ 입력된 메모를 한 번에 표시하고 숨기는 방법을 학습합니다.

완성화면 미리보기

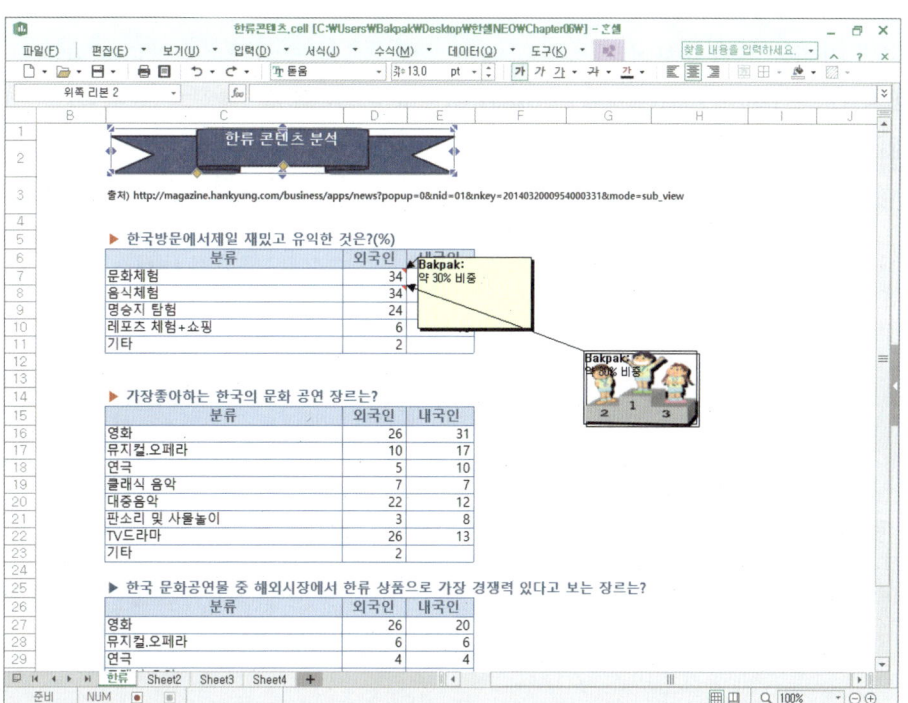

수업 길잡이

난이도 ★★☆☆☆

예제파일 Chapter06₩한류콘텐츠.cell, 그림.png

학습기능 도형 작성, 도형 속에 글자 입력, 메모 작성, 메모 표시, 메모 복사, 메모에 그림 삽입

🔍 **이 학습과 예제를 통해** 항목별로 구분되어 작성된 분석결과에 메모와 도형을 삽입하는 방법을 알 수 있어요. 메모를 이용하여 내용을 남길 수 있고 그림을 추가할 수도 있어요. 작성된 메모는 다른 셀에 붙여넣기가 가능하고 도형을 이용하여 문서 제목도 근사하게 작성할 수 있어요.

1 예제파일을 열고 [입력] 탭-[도형] 테마의 [자세히]⬇를 클릭하여 [아래로 구부러진 리본]을 선택합니다.

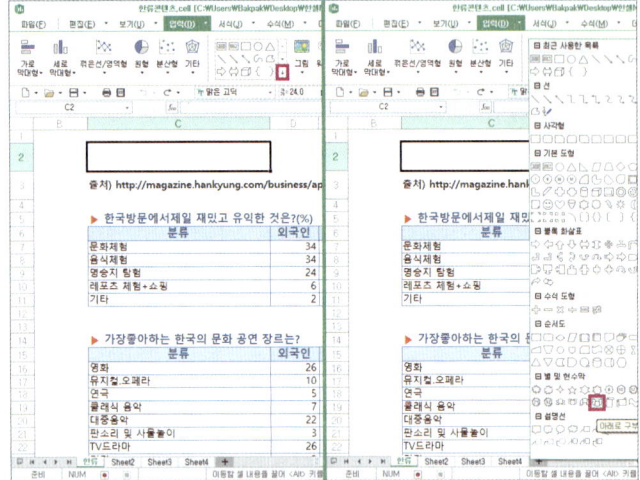

2 [C1:E1] 셀 범위에 드래그하여 리본을 삽입하고 마우스 오른쪽 버튼을 눌러 [도형 안에 글자 넣기]를 선택한 뒤 '한류콘텐츠 분석'을 입력하여 제목을 완성합니다.

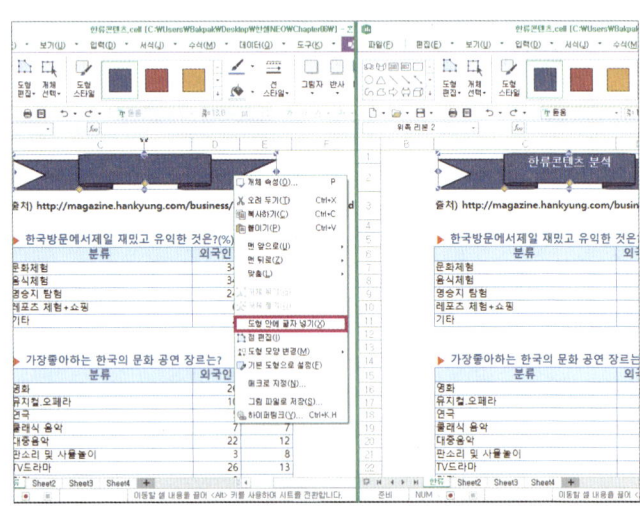

 **TiP**

리본 도형에 대한 채우기, 테두리 등 도형 서식은 도형 선택 시 활성화되는 [도형] 탭(🟣)에서 서식 변경 가능합니다.

셀에 메모 삽입하기

1 [D7] 셀을 클릭하고 [입력] 탭–[메모 넣기] (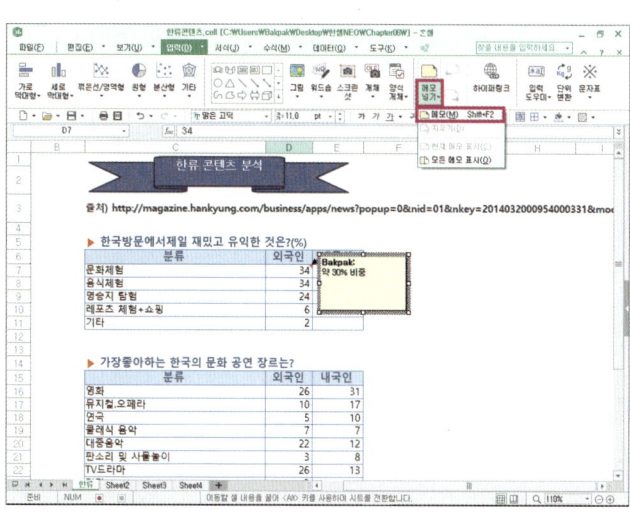)를 클릭하여 [메모]를 선택한 뒤 '약 30% 비중'을 입력합니다.

2 셀에서 메모만 복사하여 다른 셀에 붙여넣기 가능합니다. [D7] 셀을 선택하고 [편집] 탭– [복사하기](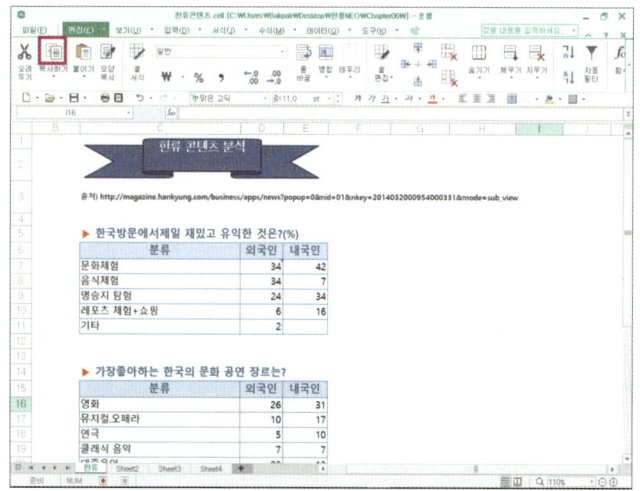)를 클릭합니다.

3 [D8] 셀을 클릭하고 [편집] 탭–[붙이기](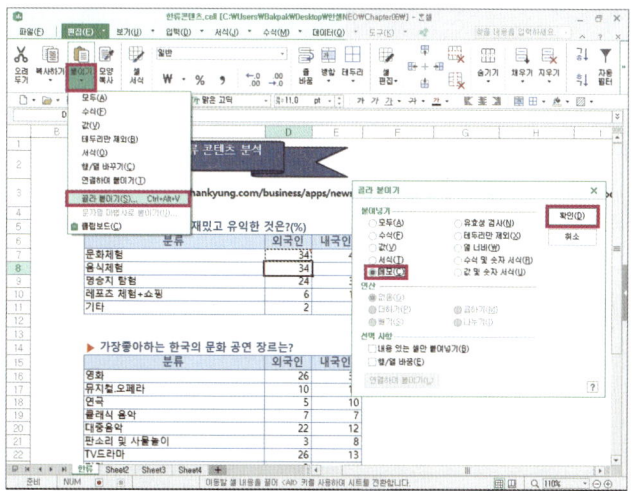)를 클릭하여 [골라 붙이기]를 선택하고 [골라 붙이기] 대화상자에서 [메모]를 선택하고 [확인]을 클릭합니다.

4 [보기] 탭-[모든 메모 표시]를 선택하면 [D7], [D8] 셀에 같은 메모의 내용이 표시됩니다.

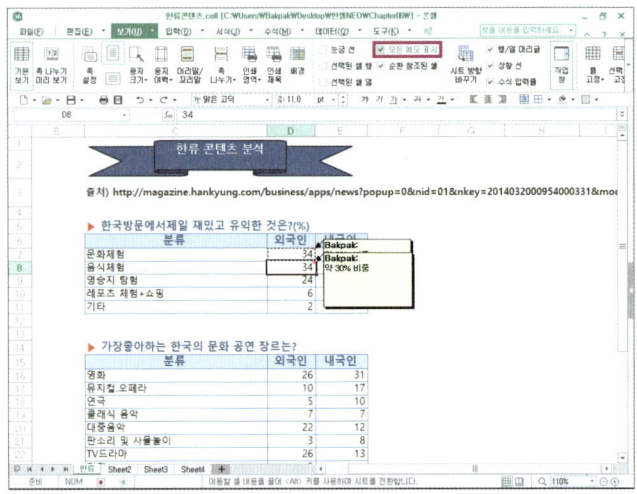

5 메모에는 색상 및 그림으로 채우기가 가능합니다. [D7] 셀에 커서를 두고 Shift + F2 를 눌러 메모 개체를 선택하고 마우스 오른쪽 버튼을 누르거나 P 를 누릅니다. [개체 속성] 대화상자에서 다음과 같이 설정하고 [설정]을 클릭합니다.

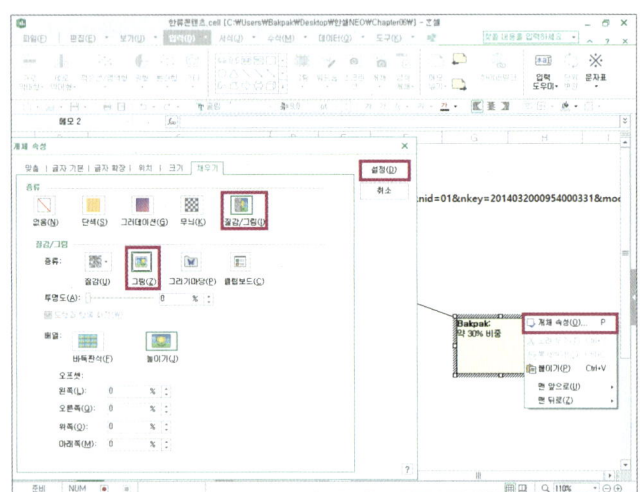

 대화상자 설정 값 ·················
① [채우기] 탭-[종류]-[질감/그림] 클릭
② [질감/그림]-[그림] 클릭 → '그림.png' 더블클릭
   해 삽입

연습문제 풀어보기!

1 [치안센터+주소] 워크시트 [B1:E3] 셀에 다음과 같이 도형을 삽입하고 제목을 입력하여 완성해 봅니다.

① 도형 : 사각형 설명선 ② 글자 입력 : 전국 경찰관서 리스트
③ 글자 서식 : 글꼴(한컴 솔잎 B), 글자 크기(20pt), 글자 색(흰색)

예제파일 Chapter06₩연습문제1_시작.cell

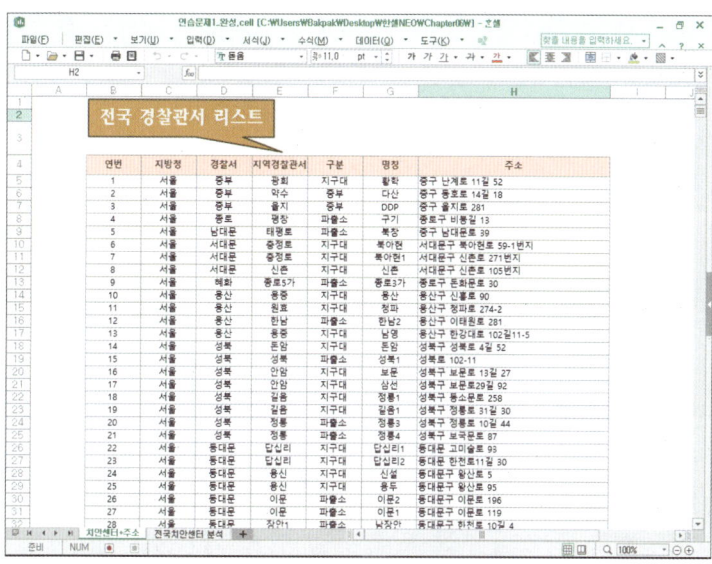

2 [전국치안센터 분석] 워크시트 [D7] 셀에 '상위 1~5위에 포함' 메모를 삽입하고 [D8], [D12], [D13], [D16] 셀에 [D7] 셀과 같은 내용의 메모를 복사합니다. [D8] 셀의 메모에 '경찰.png'로 그림 채우기합니다.

예제파일 Chapter06₩연습문제2_시작.cell, 경찰.png

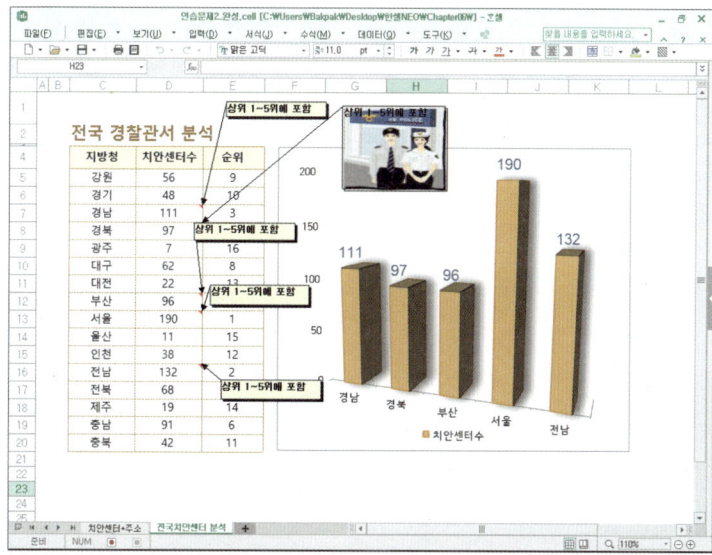

Chapter 07

지역의 온도변화를 분석해 볼까?

서울은 춥지만 부산은 따뜻할 때가 있죠? 그건 바로 지역별 온도차이가 있기 때문이에요. 기상청에서 제공하는 년도별 지역 기후자료에서 숫자와 날짜를 사용자가 원하는 형태로 변경하면 좀 더 명확히 알 수 있어요. 많은 양의 데이터를 빠른 시간에 변경하기가 어렵다고요? 셀 서식을 활용해 데이터를 분석해 보세요.

무엇을 배우나요?

★ 숫자 자료의 소수이하 자릿수 표시 방법과 음수 표시 방법의 셀 서식을 학습합니다.

★ 날짜 자료의 표시 형식을 셀 서식에서 변경하는 방법을 학습합니다.

★ 문자 자료에 일괄적으로 글자를 추가하는 방법을 학습합니다.

완성화면 미리보기

2015,2016년 8월 진주지역 기후표

출처: 기상청 (http://www.kma.go.kr/weather/climate/past_cal.jsp?stn=192&yy=2016&mm=8&obs=1&x=16&y=15)

번호	일자	2015 평균기온	2016 평균기온	차이 (16년-15년) 기준	증감율 (16년-15년) 기준	2015 최고기온	2016 최고기온	차이 (16년-15년) 기준	2015 최저기온	2016 최저기온	차이 (16년-15년) 기준
1	2016년 8월 1일 월요일	27	27	-0.2	99%	32.5	34.2	1.7	23.2	23.3	0.1
2	2016년 8월 2일 화요일	27	26	-0.8	97%	31.2	33	1.8	22.8	22.9	0.1
3	2016년 8월 3일 수요일	28	26	-1.4	95%	32.1	31.3	-0.8	23.6	22.4	-1.2
4	2016년 8월 4일 목요일	28	27	-0.5	98%	32.6	32.4	-0.2	23.5	23.2	-0.3
5	2016년 8월 5일 금요일	28	28	-0.4	99%	34	33.7	-0.3	23.1	22.5	-0.6
6	2016년 8월 6일 토요일	28	28	0.5	102%	34.6	34.9	0.3	22.6	23.2	0.6
7	2016년 8월 7일 일요일	28	28	0.0	100%	35.5	34.4	-1.1	21.8	22.8	1
8	2016년 8월 8일 월요일	28	28	-0.7	98%	34.8	36.2	1.4	23.6	23.4	-0.2
9	2016년 8월 9일 화요일	28	27	-0.4	99%	35.1	33	-2.1	22.2	23.4	1.2
10	2016년 8월 10일 수요일	27	29	1.8	107%	34.5	35.3	0.8	21.9	23.5	1.6
11	2016년 8월 11일 목요일	24	30	6.4	127%	27.5	37.5	10	18.9	24.4	5.5
12	2016년 8월 12일 금요일	22	31	9.0	142%	23.6	36.4	12.8	18.6	24.9	6.3
13	2016년 8월 13일 토요일	25	30	5.3	122%	30.5	36.5	6	19.6	24.6	5
14	2016년 8월 14일 일요일	26	30	4.2	116%	32.2	37.2	5	21.6	23.6	2
15	2016년 8월 15일 월요일	25	28	2.3	109%	31.7	34.6	2.9	20.4	25.1	4.7
16	2016년 8월 16일 화요일	25	27	2.6	111%	30.9	33.9	3	19.5	24.5	5
17	2016년 8월 17일 수요일	25	27	1.5	106%	31.7	34.1	2.4	19.8	23.4	3.6
18	2016년 8월 18일 목요일	24	28	3.3	114%	28	33.8	5.8	20.4	22.5	2.1
19	2016년 8월 19일 금요일	25	28	2.6	110%	28.7	34.2	5.5	20.9	21.9	1
20	2016년 8월 20일 토요일	23	28	4.8	121%	25.5	34.6	9.1	21.7	24.1	2.4
21	2016년 8월 21일 일요일	23	28	5.0	122%	28.2	34.2	6	20.4	21	0.6
22	2016년 8월 22일 월요일	24	28	4.3	118%	28.7	35.7	7	20.7	22.4	1.7
23	2016년 8월 23일 화요일	25	27	2.3	109%	30	31.1	1.1	21	23.4	2.4
24	2016년 8월 24일 수요일	23	27	3.5	115%	26.5	34.6	8.1	21.4	20.8	-0.6
25	2016년 8월 25일 목요일	22	27	5.1	124%	23.2	34.3	11.1	20	19	-1
26	2016년 8월 26일 금요일	24	22	-1.6	93%	29.6	29.7	0.1	19.8	18.5	-1.3
27	2016년 8월 27일 토요일	23	23	-0.5	98%	29.1	28.4	-0.7	18.6	18.4	-0.2
28	2016년 8월 28일 일요일	23	19	-4.7	80%	29.4	21.7	-7.7	19.3	16.8	-2.5
29	2016년 8월 29일 월요일	22	21	-1.1	95%	28.2	27.1	-1.1	18.9	15	-3.9
30	2016년 8월 30일 화요일	22	22	-0.1	100%	28.4	25.6	-2.8	17.2	14.8	-2.4
31	2016년 8월 31일 수요일	23	25	1.6	107%	28.4	29	0.6	17.8	20.5	2.7

수업 길잡이

난이도 ★★☆☆☆

예제파일 Chapter07₩온도변화표.cell

학습기능 백분율 스타일 적용, 자릿수 늘임, 셀 서식 표시 형식 설정, 문자 셀 서식

🔍 **이 학습과 예제를 통해** 지역별 온도차이에 대한 이해를 할 수 있어요. 또한 기후자료에 있는 날짜에 요일을 표시할 수 있고, 평균, 최고, 최저 기온의 년도별 차이를 양수, 음수로 표시할 수 있고 방법을 지정하는 방법을 알 수 있어요. 어렵게 느껴지던 증감율도 %로 표현할 수 있어요.

1 예제파일을 열고 [E7:F7] 셀을 범위 지정한 뒤 [범위 확장] 단축키 Ctrl + Shift + ↓ 를 누르고 [서식] 탭-[자릿수 늘임]( )을 클릭하면 27 → 27.0으로 소수 이하 한자리로 모두 표시됩니다.

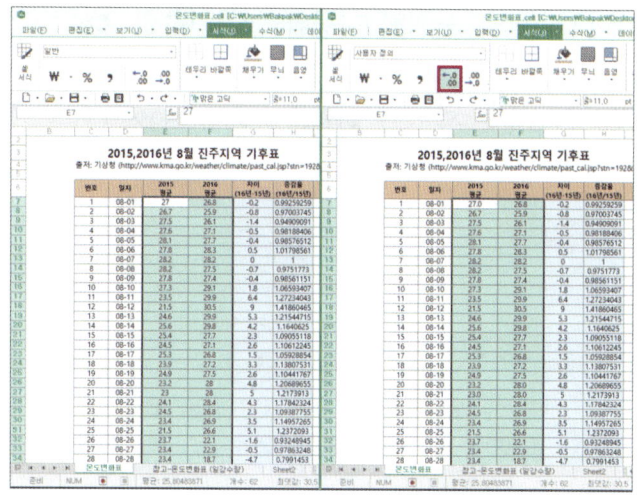

2 [서식] 탭-[셀 서식]( )을 클릭하고 [셀 서식] 대화상자의 [표시 형식] 탭-[숫자]를 클릭하고 [소수 자릿수]에 '0'을 입력한 뒤 [설정]을 클릭하면 26.7 → 27로 모두 조정됩니다.

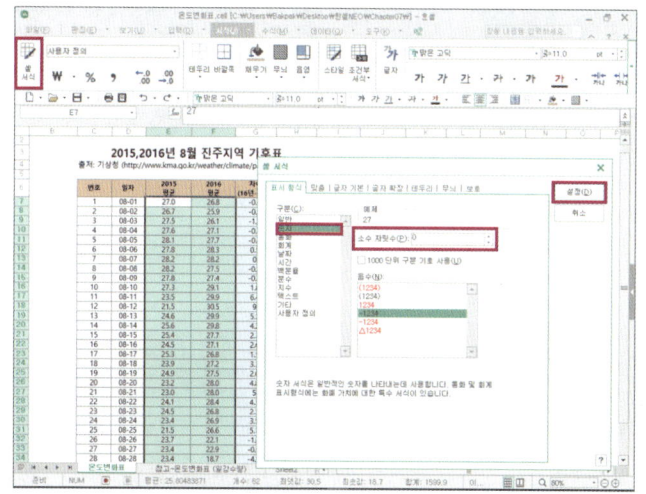

3 [G7] 셀을 클릭하고 [범위 확장] 단축키 Ctrl + Shift + ↓ 를 누르고 [서식] 탭-[셀 서식]( )을 클릭합니다. [셀 서식] 대화상자의 [표시 형식] 탭-[숫자]를 클릭하고 0보다 작은 음수를 빨간색 '-' 표시로 나타내는 [-1234]를 선택한 뒤 [소수 자릿수]에 '1' 입력 후 [설정]을 클릭합니다.

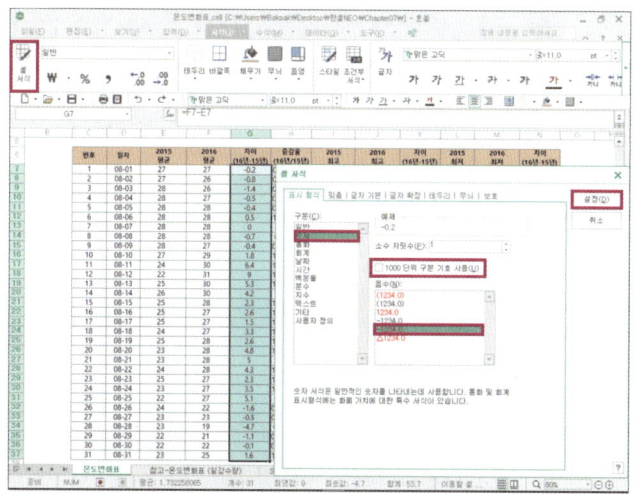

4 [H7] 셀을 클릭하고 [범위 확장] 단축키 Ctrl
+ Shift + ↓ 를 누르고 [서식] 탭–[백분율 스
타일](%)를 클릭합니다. '0.99259259' →
'99%'로 변경됩니다.

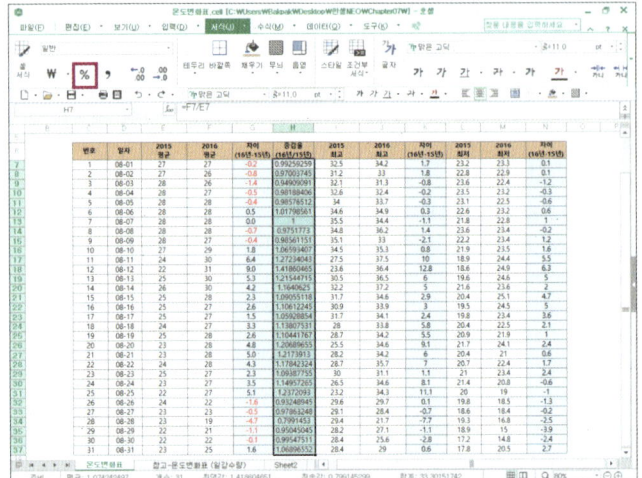

TIP

[자릿수 늘임]( ), [자릿수 줄임]( )을 클릭하여
표시되는 소수 자릿수를 변경할 수 있습니다.

TIP

[셀 서식] 대화상자의 [표시형식] 탭–[회계]를 클릭하여 나타
나는 기호에서 유럽 화폐기호, 영어 화폐기호를 선택하여 숫
자 앞에 표시할 수 있습니다.

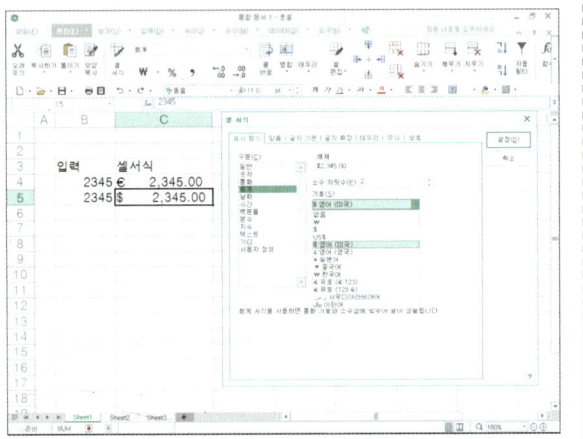

TIP

숫자로 입력된 자료를 [셀 서식] 대화상자의 [표시 형식]
탭–[기타]–[숫자(한자)] 또는 [숫자(한글)]을 클릭하여 한자와
한글로 변환할 수 있습니다.

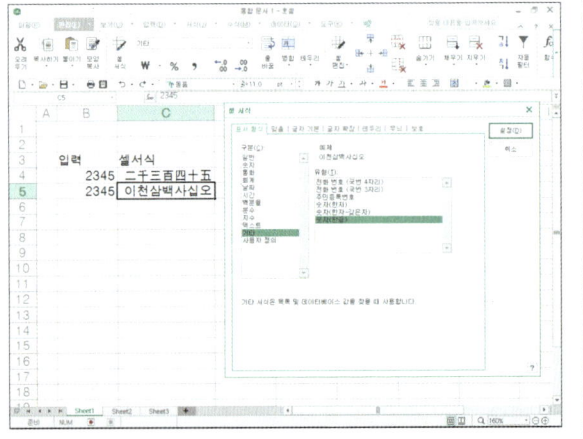

1 [D7] 셀을 클릭하고 [범위 확장] 단축키 Ctrl + Shift + ↓ 를 누르고 [서식] 탭-[표시 형식] 펼침 단추(⌄)를 클릭하여 [날짜]를 선택합니다.

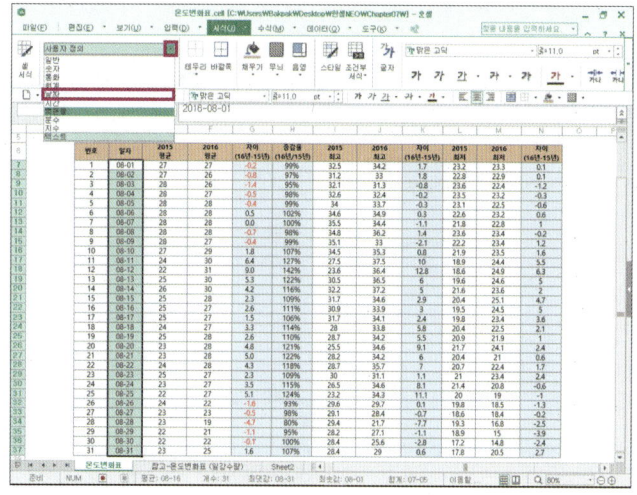

2 [서식] 탭-[셀 서식](▦)을 클릭하고 [셀 서식] 대화상자의 [표시 형식] 탭-[날짜]-[2004년 10월 9일 토요일]을 선택한 뒤 [설정]을 클릭합니다. '2016-08-01' → '2016년 8월 1일 월요일'로 변경됩니다.

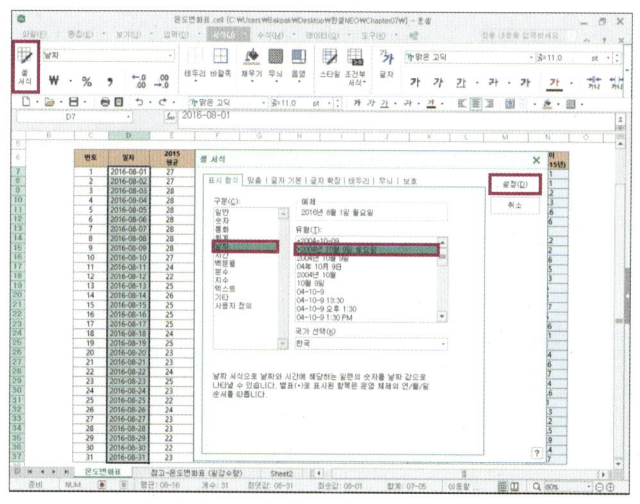

3 [E6:N6] 셀을 범위 지정한 뒤 [서식] 탭-[셀 서식](▦)을 클릭하고 [셀 서식] 대화상자의 [표시 형식] 탭-[사용자 정의]를 선택하고 [형식]에 '@기온'을 입력한 뒤 [설정]을 클릭합니다. '2015 평균' → '2015 평균기온'으로 변경됩니다.

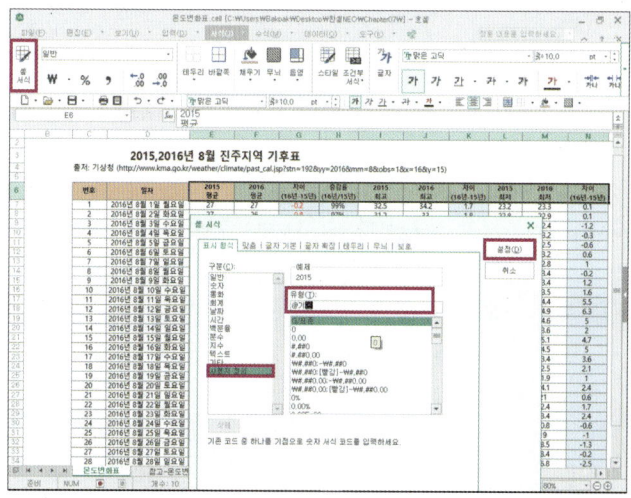

 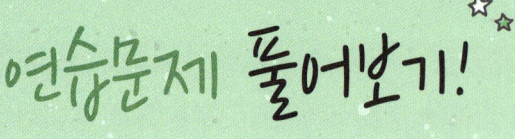

1 **제주도의 관광객 입장현황 자료의 숫자 값 셀 서식을 다음과 같이 변경해 봅니다.**

① [E4:J11] 셀 : 쉼표 스타일 ② [E12:J15] 셀 : 백분율 스타일, 소수 이하 자릿수 1

 예제파일 Chapter07₩연습문제1_시작.cell

관광객입장현황 (제주 서귀포)

(2014년9월30일기준, 단위:명/원)

		계	천지연폭포	천제연폭포	주상절리대	정방폭포	산방산.용머리
2014년	입장객수	476,568	150,076	73,951	151,648	65,293	35,600
	내국인	366,704	118,349	50,192	103,659	61,225	33,279
	외국인	109,864	31,727	23,759	47,989	4,068	2,321
	입장수입	742,899,460	223,583,800	137,443,960	235,153,100	100,791,900	45,926,700
2013년	입장객수	504,711	160,307	74,069	156,134	80,714	33,487
	내국인	384,403	117,749	48,883	111,106	75,102	31,563
	외국인	120,308	42,558	25,186	45,028	5,612	1,924
	입장수입	727,757,400	224,805,800	135,953,700	217,608,200	118,403,600	30,986,100
증감	입장객수	-5.6%	-6.4%	-0.2%	-2.9%	-19.1%	6.3%
	내국인	-4.6%	0.5%	2.7%	-6.7%	-18.5%	5.4%
	외국인	-8.7%	-25.4%	-5.7%	6.6%	-27.5%	20.6%
	입장수입	2.1%	-0.5%	1.1%	8.1%	-14.9%	48.2%

2 **전국 장미축제 자료의 문자와 날짜 셀 서식을 다음과 같이 변경해 봅니다.**

① [B6:B11] 셀 : 문자 앞에 '★' 표시 ② [D6:D11] 셀 : 날짜 스타일(0000년 0월 0일 0요일)

예제파일 Chapter07₩연습문제2_시작.cell

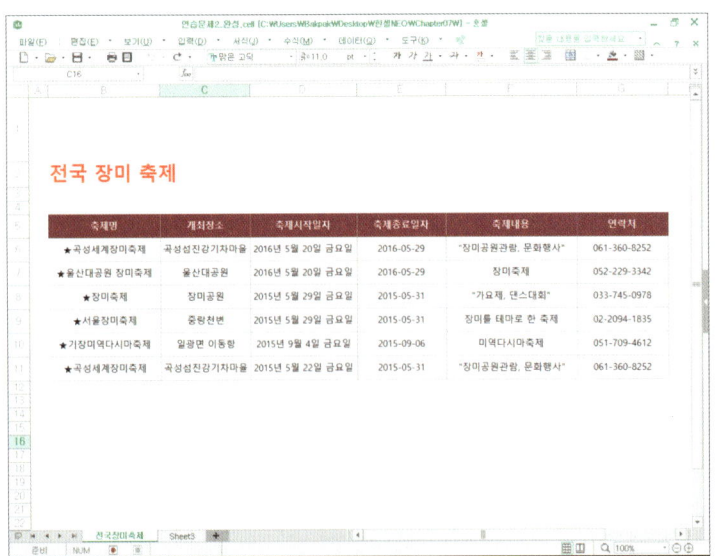

전국 장미 축제

축제명	개최장소	축제시작일자	축제종료일자	축제내용	연락처
★곡성세계장미축제	곡성섬진강기차마을	2016년 5월 20일 금요일	2016-05-29	"장미공원관람, 문화행사"	061-360-8252
★울산대공원 장미축제	울산대공원	2016년 5월 20일 금요일	2016-05-29	장미축제	052-229-3342
★장미축제	장미공원	2015년 5월 29일 금요일	2015-05-31	"가요제, 댄스대회"	033-745-0978
★서울장미축제	중랑천변	2015년 5월 29일 금요일	2015-05-31	장미 를 테마로 한 축제	02-2094-1835
★기장미역다시마축제	일광면 이동항	2015년 9월 4일 금요일	2015-09-06	미역다시마축제	051-709-4612
★곡성세계장미축제	곡성섬진강기차마을	2015년 5월 22일 금요일	2015-05-31	"장미공원관람, 문화행사"	061-360-8252

Chapter 08

한국 영화 흥행 순위를 알아볼까?

한국 영화가 국제적인 영화제에서 주목받거나 시상을 하기도 하죠. 계속해서 발전하고 있는 한국 영화의 흥행순위를 알아봅니다. 한국 영화만 한눈에 알아볼 수 있도록 색을 넣고, 그래프로 자료를 보기 좋게 표시해 봅니다. 조건부 서식의 숫자, 문자, 그래프 서식을 활용해 보세요.

무엇을 배우나요?

★ 조건에 맞는 자료만 자동으로 서식 설정하는 조건부 서식 규칙 설정 방법을 학습합니다.

★ 작성된 조건부 서식의 셀 서식 변경 방법을 학습합니다.

★ 조건부 서식 막대 그래프를 이용하여 숫자 값의 비교 설정하는 방법을 학습합니다.

★ 중복 값의 색을 자동 설정하는 조건부 서식 설정 방법을 학습합니다.

완성화면 미리보기

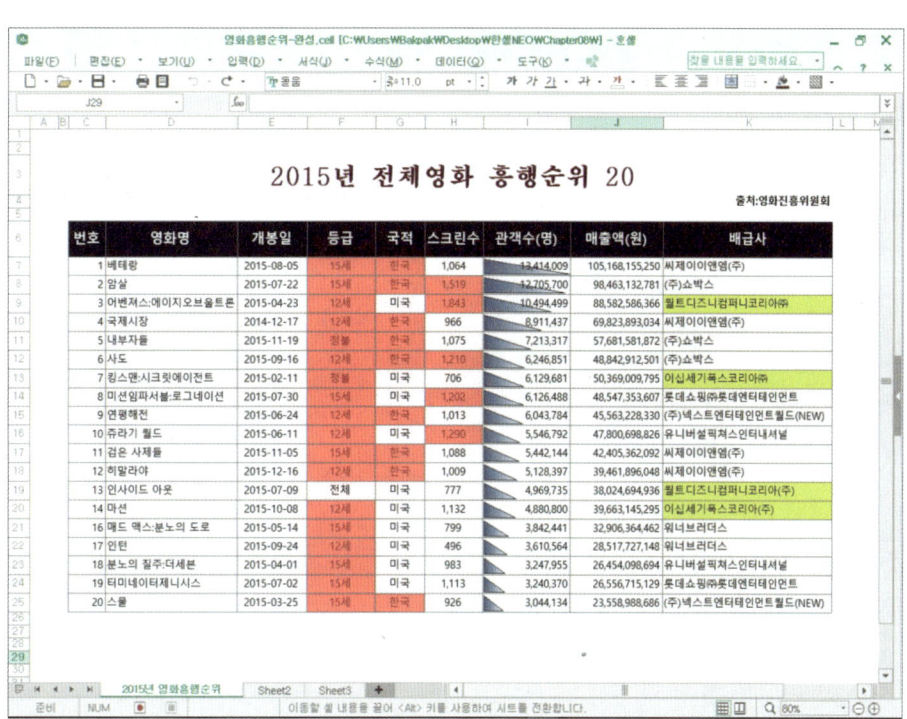

수업 길잡이

난이도	★★★☆☆
예제파일	Chapter08\영화흥행순위.cell
학습기능	조건부 서식 셀 강조 규칙 설정, 조건부 서식 막대 그래프 삽입, 조건부 서식 규칙 관리, 조건부 서식 규칙 삭제

🔍 **이 학습과 예제를 통해** 조건에 해당하는 숫자, 문자가 있는 셀에 셀 색, 글자 색이 자동으로 서식 설정되도록 할 수 있어요. 내용이 변경되면 서식이 자동으로 변경되고 가장 많은 숫자 값에 맞추어서 숫자의 비율을 셀마다 막대 그래프로 표현할 수 있어요.

1 예제파일을 열고 [G7:G25] 셀을 범위 지정한 뒤 [서식] 탭-[조건부 서식](📋)을 클릭하여 [셀 강조 규칙]-[같음]을 선택합니다.

2 [같음] 대화상자의 [다음 값과 같은 셀의 서식 지정]에 '한국'을 입력하고 [확인]을 클릭합니다.

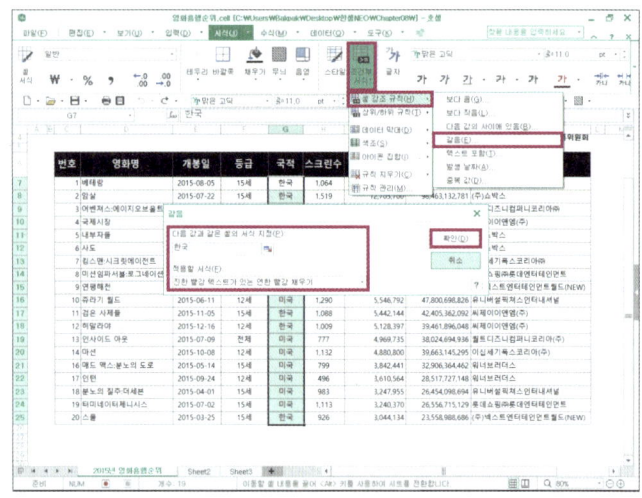

3 [K7:K25] 셀을 범위 지정한 뒤 [서식] 탭-[조건부 서식](📋)을 클릭하여 [셀 강조 규칙]-[텍스트 포함]을 선택하고 [텍스트 포함] 대화상자에서 다음과 같이 설정하고 [확인]을 클릭합니다.

 대화상자 설정 값

① 다음 텍스트를 포함하는 셀의 서식 지정 : 코리아 ② 적용할 서식 : 진한 노랑 텍스트가 있는 노랑 채우기

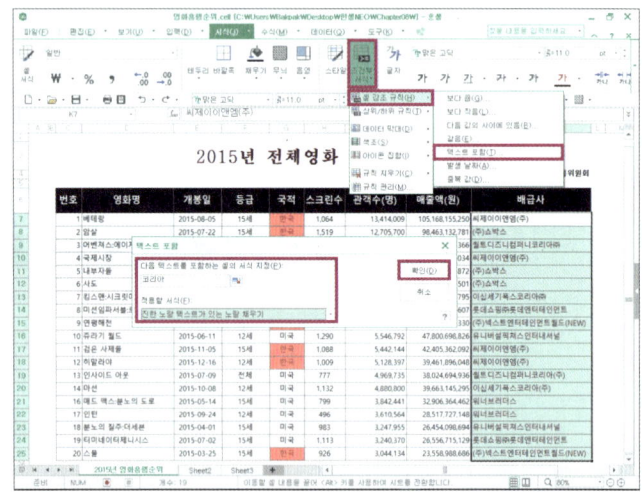

4 [K7:K25] 셀을 범위 지정한 뒤 [서식] 탭-[조건부 서식](📋)을 클릭하여 [규칙 관리]를 선택합니다.

5 [조건부 서식] 대화상자의 [서식]을 클릭하여 [글자 기본]-[글자 색]을 '검정색'으로 변경한 뒤 [설정]-[확인]을 클릭합니다.

TIP

불필요한 조건부 서식은 범위 지정한 뒤 [서식] 탭-[조건부 서식](📋)을 클릭하여 [규칙 지우기]를 선택하여 삭제 가능합니다.

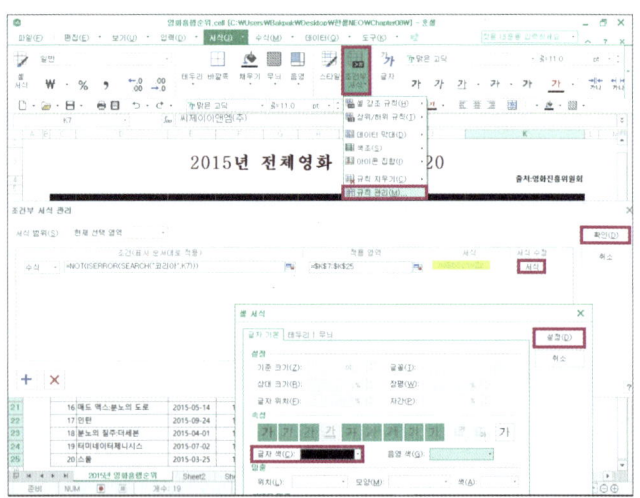

6 '코리아'가 포함된 셀이 '검정 텍스트가 있는 노랑 채우기'로 셀 서식이 변경됩니다.

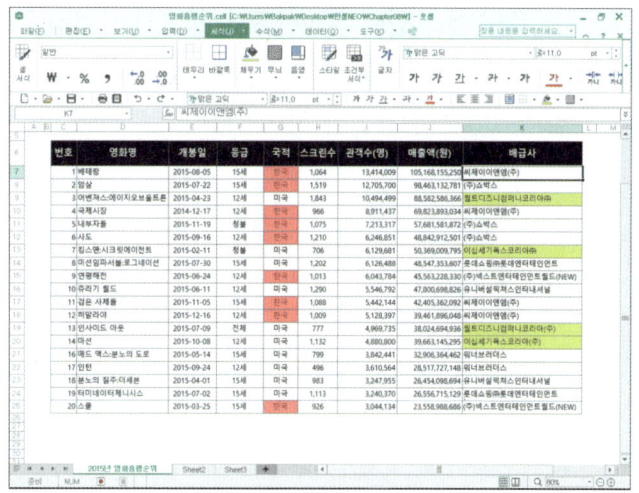

7 [H7:H25] 셀을 범위 지정한 뒤 [서식] 탭-[조건부 서식](▦)을 클릭하여 [셀 강조 규칙]-[보다 큼]을 선택합니다. [보다 큼] 대화상자의 [다음 값과 같은 셀의 서식 지정]에 '1,200'을 입력하고 [확인]을 클릭합니다.

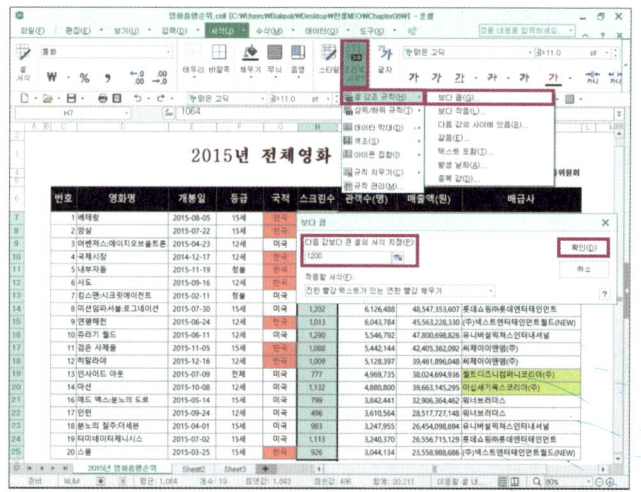

8 스크린 수가 1,200개 이상인 셀만 서식이 변경됩니다.

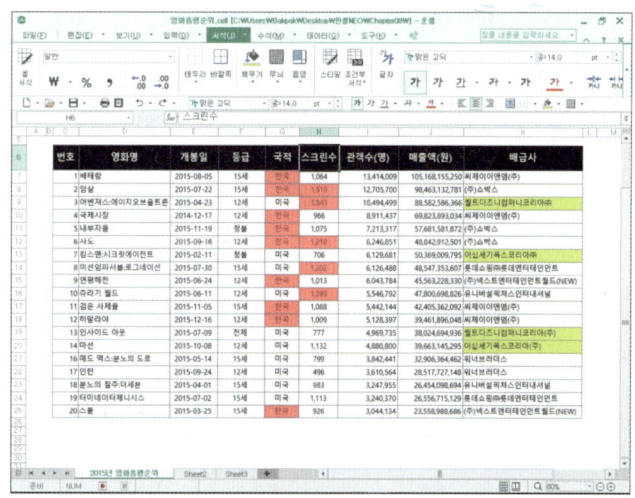

조건부 서식 데이터 막대 사용하기

1 [I7:I25] 셀을 범위 지정한 뒤 [서식] 탭─[조건부 서식](📋)을 클릭하여 [데이터 막대]─[그라데이션 채우기 1]을 선택합니다.

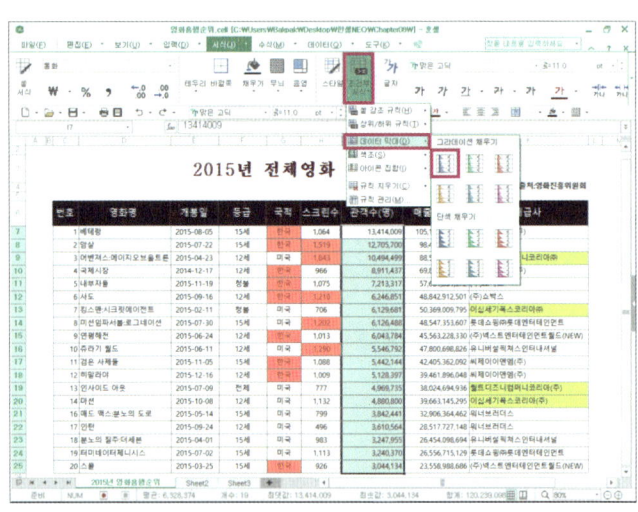

TiP

관객 수(명)가 가장 많은 13,414,000을 기준으로 막대 그래프가 자동으로 작성됩니다.

2 선택한 데이터 막대 그라데이션이 채워졌습니다.

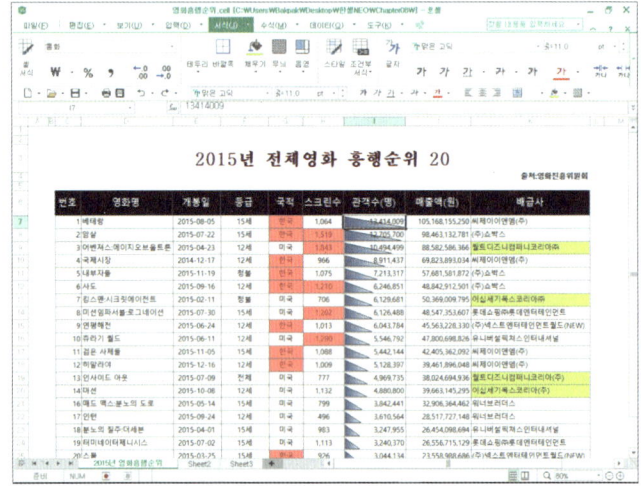

3 [F7:F25] 셀을 범위 지정한 뒤 [서식] 탭─[조건부 서식](📋)을 클릭하여 [셀 강조 규칙]─[중복 값]을 선택하면 2회 이상 반복하여 나온 자료에 대해 색이 자동 설정됩니다.

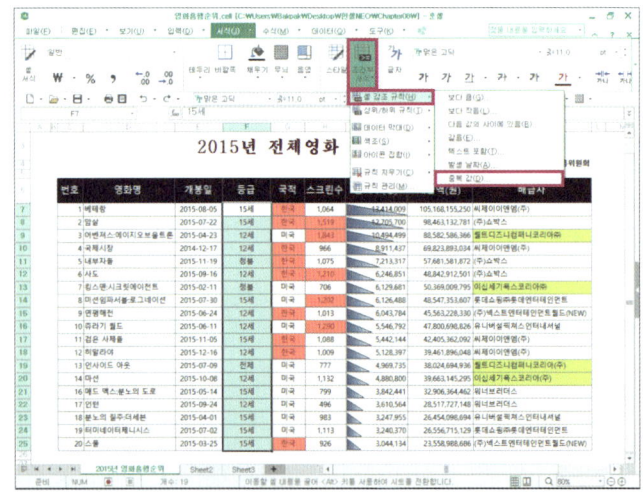

Let's Practice!

연습문제 풀어보기!

1 [E7:E32] 셀 범위에 '신흥사' 텍스트가 있으면 '흰색 텍스트가 있는 검정 채우기'가 적용되도록 조건부 서식을 설정해 봅니다.

`예제파일` Chapter08₩연습문제1_시작.cell

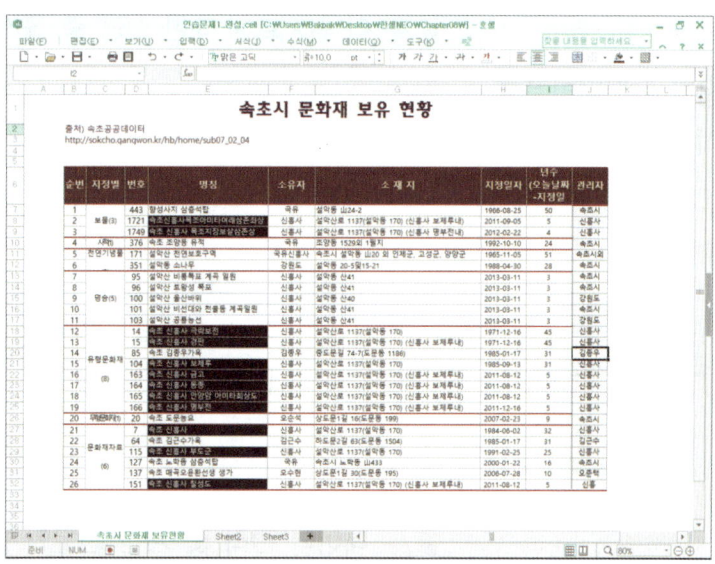

2 2015, 2016년 진주지역 기후표의 강수량 데이터를 다음과 같이 변경해 봅니다.

① [E6:E36] 셀 : 조건부 서식(삭제) ② [F6:F36] 셀 : 강수량이 가장 많은 날(진한 빨강 텍스트가 있는 연한 빨강 채우기) ③ [H6:H36] 셀 : 조건부 서식(데이터 막대-그라데이션 채우기 4)

`예제파일` Chapter08₩연습문제2_시작.cell

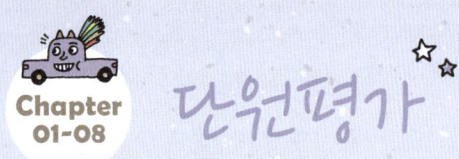
1 다음 중 한셀의 구성요소가 아닌 것은?

① 수식 입력줄 　　② 행 머리글
③ 열 머리글 　　④ 슬라이드 작업 창

2 한셀을 처음 사용하는 사용자에게 편리하도록 미리 제공하는 문서 서식은?

① 작업 창 　　② 문서마당
③ 워드숍 　　④ 메모

3 다음 중 한셀에서 화면의 크기를 축소 조정하는 방법이 아닌 것은?

① Shift + –
② Ctrl + 마우스 휠 조정
③ Alt + –
④ 상태표시줄

4 다음 메모 기능에 대한 설명으로 올바르지 않은 것은?

① 메모는 복사하여 다른 셀에 사용할 수 있다.
② 메모가 있는 셀에 빨간색 표시가 나타난다.
③ 메모를 모두 보이기 위하여 셀마다 클릭하여 [메모 표시]를 선택해야 한다.
④ 메모에 그림을 넣어 표현할 수 있다.

5 다음 그림의 작업 전, 후를 비교하였을 때 한셀의 보기 기능에서 변경된 내용은?

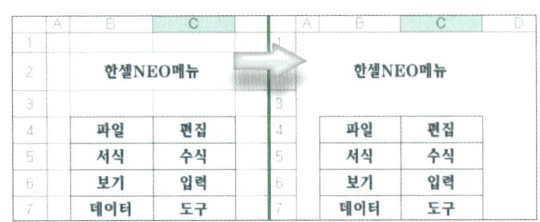

① 순환 참조 　　② 눈금선
③ 행/열 머리글 　　④ 시트 방향 바꾸기

6 다음 시트에 대한 설명 중 올바르지 않은 것은?

① 시트 이름은 더블클릭하여 수정할 수 있다.
② 한셀에서 같은 이름을 갖는 시트를 만들 수 있다.
③ 시트는 Ctrl + Tab 으로 이동 가능하다.
④ 한셀에서는 워크시트의 왼쪽 아래의 [시트 선택](▦)을 클릭하면 작성된 시트명 리스트가 나타난다.

7 데이터 관리 및 계산 전문인 한셀 프로그램의 확장자로 올바른 것은?

① xls 　　② cell
③ show 　　④ hwp

8 다음 그림과 같이 한 개의 셀에 두 줄 이상으로 글자를 나누어 입력하여야 할 때 사용하는 단축키는?

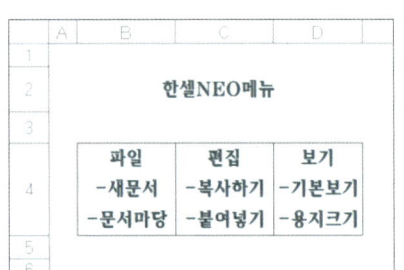

① Alt + Enter 　　② Ctrl + Enter
③ Shift + Enter 　　④ Enter

정답　1④　2②　3③　4③　5②　6②　7②　8①

9 입력된 셀 자료를 편집하는 방법으로 올바르지 않은 것은?

① F2
② 수식 입력줄 클릭
③ 더블클릭
④ 마우스 오른쪽 버튼 → [편집] 선택

10 셀에 적용된 글자 서식(크기, 글꼴, 색상 등)을 다른 셀에도 똑같이 적용하고자 할 때 사용하는 모양 복사 단축키는?

① Ctrl + C
② Alt + C
③ Shift + C
④ Ctrl + Alt + C

11 한셀의 행/열 편집 기능에 대한 설명 중 올바르지 않은 것은?

① 행과 열의 높이와 너비는 드래그하여 끌거나 직접 숫자를 입력하여 변경할 수 있다.
② [한글 표처럼 단축키 사용]을 클릭하여 M, S, H, W 등의 표 단축키를 사용할 수 있다.
③ 한셀에서는 행의 높이와 열의 너비를 균등하게 나누는 기능을 제공한다.
④ 열 너비는 모양 복사에 해당하지 않는다.

12 다음 그림과 같이 범위 내의 가장 큰 값을 기준으로 값의 비중을 데이터 막대로 나타내는 기능은?

A	B	C	D	E
		한셀작업		
	메뉴	기능	클릭수	
	파일	새문서	15	
	파일	문서마당	2	
	편집	복사하기	35	
	편집	붙여넣기	30	
	입력	차트	5	
	입력	워드숍	2	

① 무늬
② 채우기
③ 조건부 서식
④ 스타일

13 커서가 있는 곳부터 연속되어 있는 셀을 범위 지정할 때 사용하는 단축키는?

① Ctrl +방향키
② Alt +방향키
③ Alt + Ctrl +방향키
④ Ctrl + Shift +방향키

14 셀에 입력된 숫자를 쉼표(,), 백분율(%), 날짜로 변환하기 위해 실행해야 하는 한셀 기능은?

① 표 스타일
② 셀 서식
③ 틀 고정
④ 찾기

Chapter 09
이색 기네스 신기록을 살펴볼까?

이색 기네스 기록을 같은 항목끼리 분류해서 한눈에 볼 수 있도록 표시 순서를 변경해 봅니다. 자료를 일일이 순서대로 옮기는데 너무 많은 시간을 소요할 필요 없이 정렬 기능으로 숫자, 텍스트를 순서대로 마음껏 변경할 수 있어요. 쉽고 빠르게 데이터 순서를 바꿔 보세요.

무엇을 배우나요?

★ 오름차순, 내림차순 정렬하는 방법을 학습합니다.

★ 숫자를 작은 값에서 큰 값으로 정렬하는 방법을 학습합니다.

★ 두 개 이상의 항목을 정렬하는 방법을 학습합니다.

완성화면 미리보기

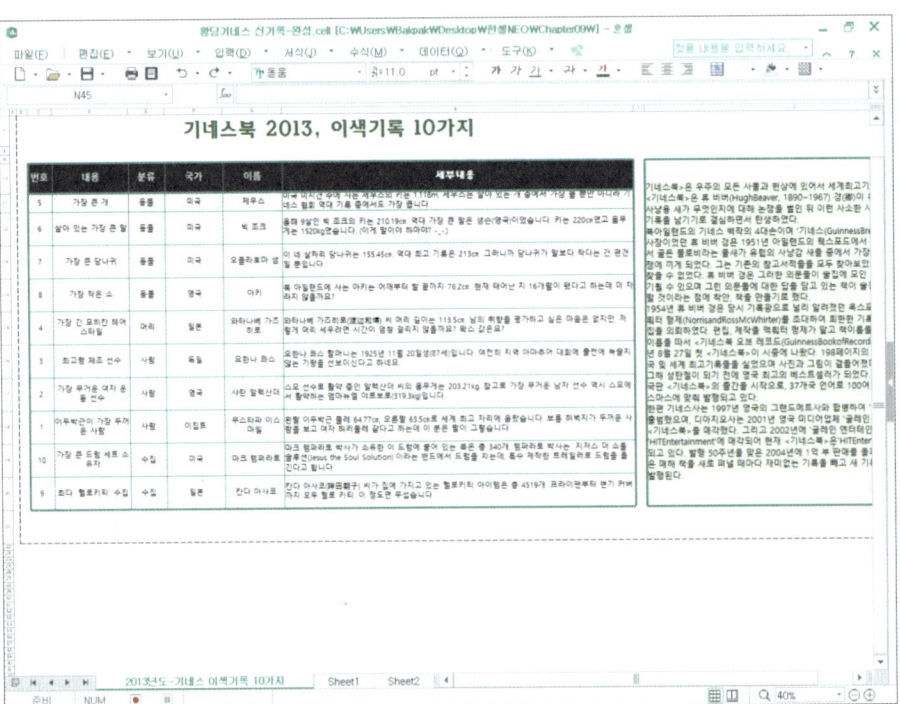

수업 길잡이

난이도 ★★★☆☆

예제파일 Chapter09₩황당기네스 신기록.cell

학습기능 오름차순 정렬, 내림차순 정렬, 두 가지 이상 조건 정렬

🔍 **이 학습과 예제를 통해** 분류별 나라별로 데이터가 있을 때 같은 나라끼리 모아서 보거나, 1, 2, 3, 4…의 순서대로 다시 자료를 모아 볼 수 있게 정렬해 사용할 수 있어요. 데이터가 많을 때 같은 항목끼리 모아서 보면 한눈에 분석하기 쉬워요. 자료를 빨리 찾을 수도 있어요.

1 예제파일을 열고 [E11] 셀을 클릭하고 [데이터] 탭–[내림차순 정렬]을 클릭합니다. 기네스 기록이 같은 분류 순서대로 정렬됩니다.

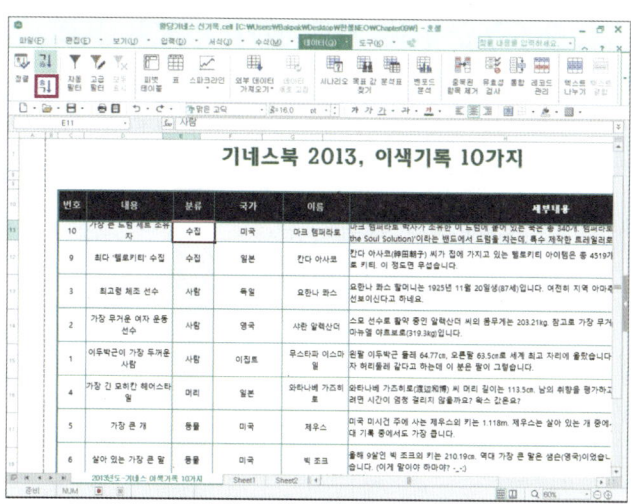

> **TIP**
>
> 제목은 표 안에 커서를 두고 `Ctrl` + `A` 를 눌렀을 때 블록이 잡히는 가장 윗줄을 제목으로 인식합니다. 때문에 제목은 정렬 내용에 포함되지 않습니다.

2 [F11] 셀을 클릭하고 [데이터] 탭–[오름차순 정렬]을 클릭합니다. 기네스 기록이 같은 국가끼리 모아서 정렬됩니다.

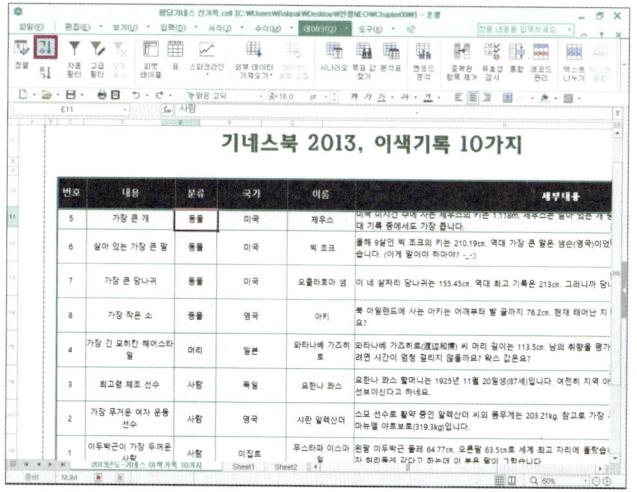

3 [C] 열의 [번호]를 1, 2, 3… 순서대로 다시 보여주기 위해 [C11] 셀을 클릭하고 [데이터] 탭–[오름차순 정렬]을 클릭합니다.

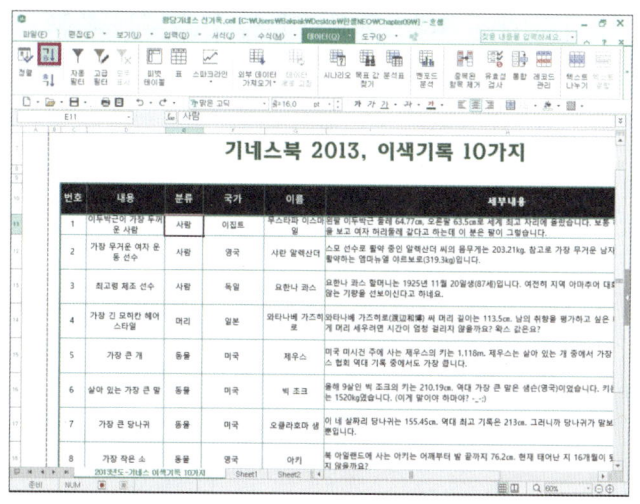

두 가지 이상 조건 정렬하기

1 같은 분류에서는 같은 국가가 먼저 표시되도록 정렬하기 위하여 표 안의 셀을 클릭하고 [데이터] 탭-[정렬](📊)을 클릭한 뒤 [정렬] 대화상자의 [정렬 설정]-[기준 1]을 [분류], [오름차순]으로 선택합니다.

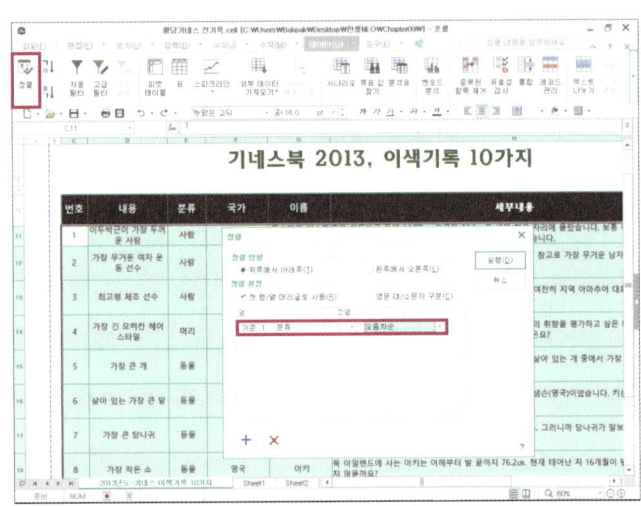

TIP

정렬 기준 1 : 분류, 오름차순

2 [추가](➕)를 클릭한 뒤 [기준 2]를 [국가], [오름차순]으로 선택한 뒤 [실행]을 클릭합니다.

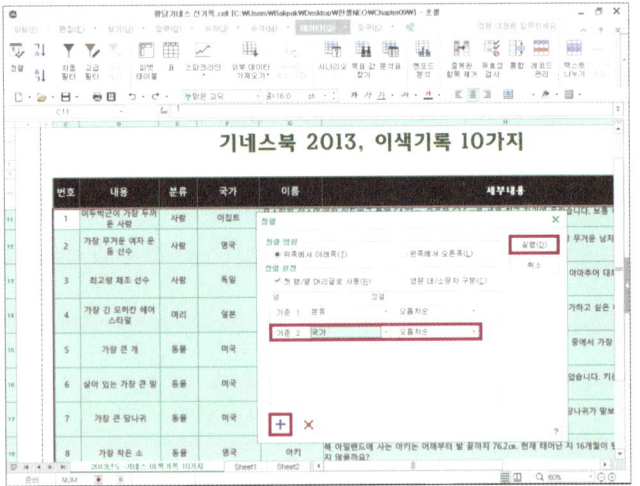

3 [E] 열의 기네스 기록의 분류가 같은 '동물' 군끼리 분류가 되고 '동물'에서도 같은 국가끼리 모여서 표시가 됩니다.

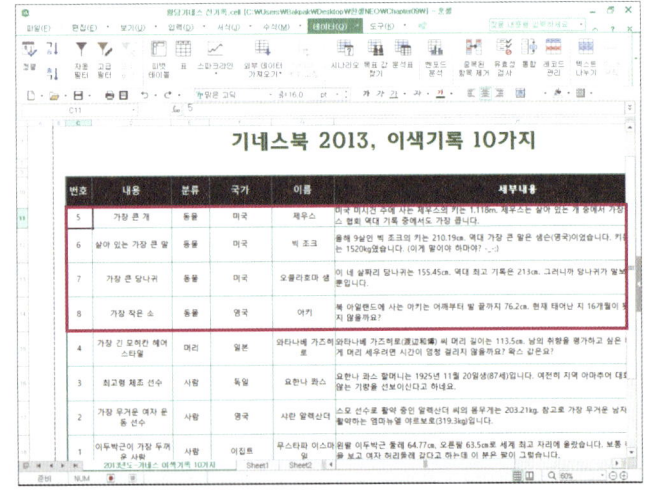

연습문제 풀어보기!

1 [C] 열의 분류를 그래픽/멀티미디어 → 어린이 → 오피스 → 프로그래밍 → 한국사 순으로 정렬해 봅니다.

`예제파일` Chapter09₩연습문제1_시작.cell

2 [D] 열의 구분1을 양식 → 중식 → 한식 순으로, 같은 음식 종류일 때는 [F] 열의 나트륨 숫자가 높은 순으로 정렬해 봅니다.

`예제파일` Chapter09₩연습문제2_시작.cell

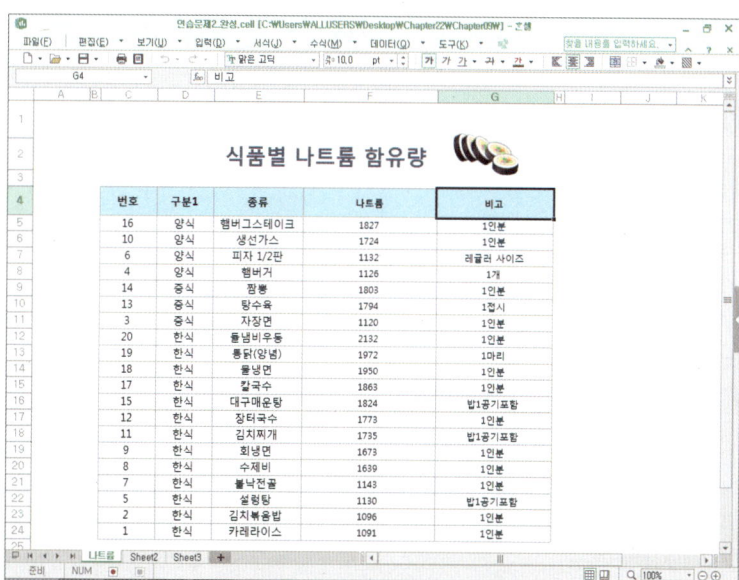

Chapter 10

진기명기한 대한민국 기네스 기록을 알아볼까?

기네스 기록에는 여러 분야에 해당하는 재미있는 이색 기록이 있어요. 대한민국의 다양한 이색 기록을 기록한 기네스 자료에서 필요한 내용만 쏙쏙 골라서 볼 수 있도록 해 봅니다. 숨겨야 할 자료와 보여줘야 할 자료를 자동 필터 기능으로 정리할 수 있어요. 숫자, 텍스트, 색상까지 필요한 내용을 클릭 몇 번으로 표시할 수 있어요. 다양한 데이터를 빠르게 골라서 보여주세요.

무엇을 배우나요?

★ 일정한 숫자 값 또는 지정 숫자 값만 표시하는 **숫자 필터 기능**을 학습합니다.

★ 조건 지정한 글자를 포함하는 내용만 표시하는 **텍스트 필터 기능**을 학습합니다.

★ 셀 색상이 지정된 자료에서 필요한 색상이 있는 셀만 표시하는 **색상 필터 기능**을 학습합니다.

완성화면 미리보기

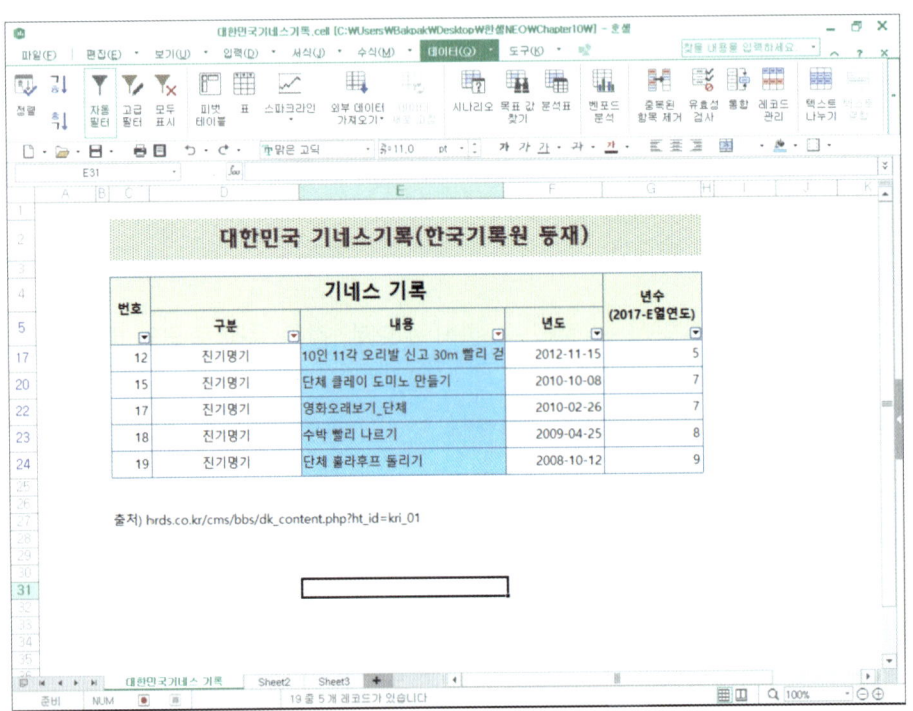

수업 길잡이

난이도 ★★★☆☆

예제파일 Chapter10₩대한민국기네스기록.cell

학습기능 자동 필터, 숫자 필터, 텍스트 필터, 색상 필터

🔍 **이 학습과 예제를 통해** 우리나라 기네스 기록에 있는 분류별, 내용별, 년도별 어떤 자료가 있는지를 조건에 따라 모아서 볼 수 있는 방법을 배울 수 있어요. 모아 보면 다른 나라 자료와도 비교가 쉽게 되기 때문에 어떤 기록이 더 많은지 적은지를 한눈에 알 수 있어요. 많은 자료가 있을 때 필요 자료만 모아 정확한 분석을 해 보세요.

1 예제파일을 열고 [5] 행을 클릭하고 조건에 맞는 자료만 보여주기 위하여 [데이터] 탭-[자동 필터](▼)를 클릭합니다.

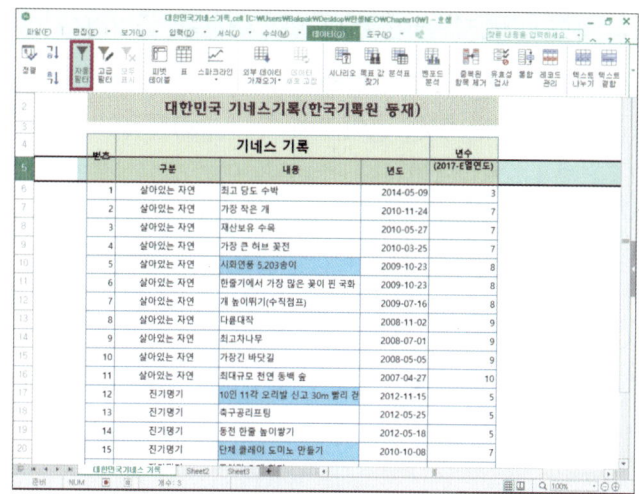

2 셀의 필터 단추(▼)를 클릭하고 [숫자 필터]-[보다 큼]을 선택합니다. [사용자 조건 자동 필터] 대화상자의 [찾을 조건]을 다음과 같이 설정하고 [확인]을 클릭합니다.

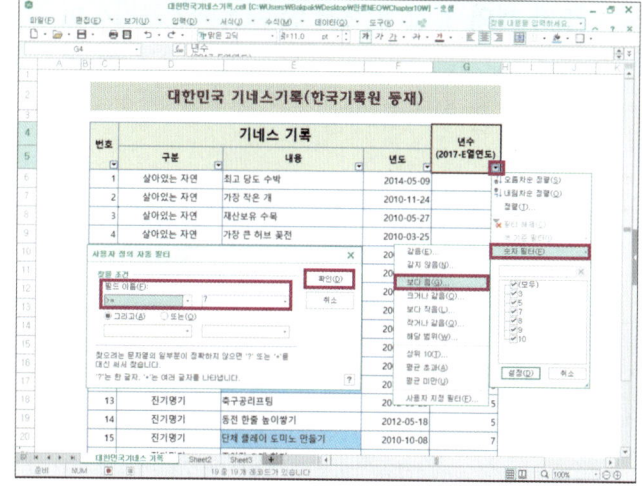

[찾을 조건] 설정 값 ········· 💡
① 필드 이름 : >= ② 조건 : 7

3 2017년 기준으로 등재년도가 7년 이상된 자료만 표시한 자료에서 [F] 열의 년도를 2009년 7월, 10월만 표시하기 위하여 [F5] 셀의 필터 단추(▼)를 클릭하여 [2009년]-[7월], [10월]만 선택한 뒤 [설정]을 클릭합니다.

4 필터된 [F5], [G5] 셀의 필터 단추(▼)가 검정색에서 빨간색으로 변경되면서 필터된 조건임을 표시해 주고 필터된 행 번호 [5], [10], [11], [12]도 파란색으로 보여집니다.

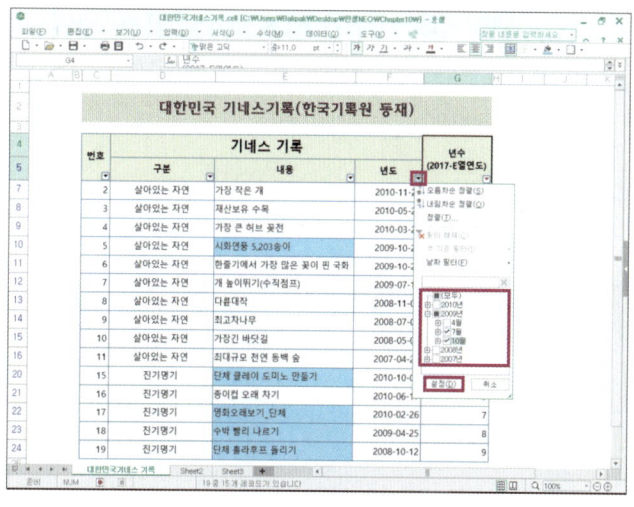

1 [F5], [G5] 셀의 필터 단추(▼)를 클릭하여 [필터 해제]를 선택하여 필터링된 조건을 해제합니다. [E5] 셀의 필터 단추(▼)를 클릭하고 [조건] 입력란에 '수박'을 입력하고 [설정]을 클릭하면 '수박'이 포함된 모든 내용이 표시됩니다.

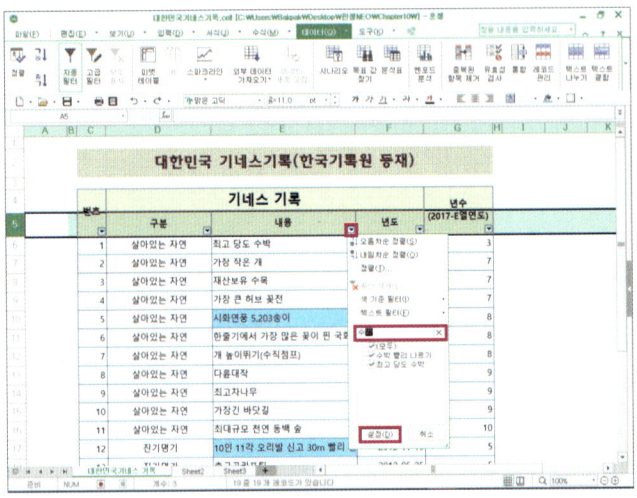

2 [E5] 셀의 빨간색 필터 단추(▼)를 클릭하여 [필터 해제]를 선택하여 '수박'만 표시됐던 필터 작업을 취소합니다.

3 [E5] 셀의 필터 단추(▼)를 클릭하고 [색 기준 필터]–[파란색]을 선택하면 [E] 열의 내용 중 파란색 셀 색상이 적용된 기록 내용만 표시됩니다.

 TIP

> 모든 필터 해제하는 다른 방법으로는 표 안에 커서를 두고 [데이터] 탭–[모두 표시](✖) 클릭합니다.

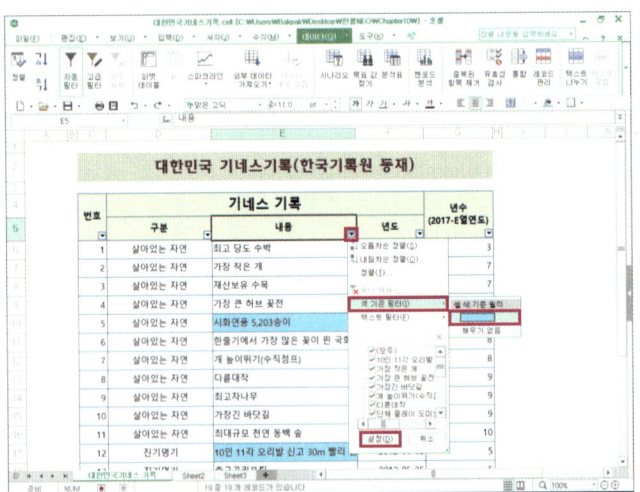

4 [E5] 셀의 필터 작업을 해제합니다. [D5] 셀의 필터 단추(▼)를 클릭하고 [진기명기]를 선택하고 [설정]을 클릭합니다.

 TIP

> **자동 필터의 장·단점**
> ① 자동 필터 장점 : 화면에 보이는 자료만 복사, 삭제, 셀 서식 가능합니다.
> ② 자동 필터 단점 : 복잡하고 많은 조건을 처리할 수 없고 [고급 필터]에서 해결 가능합니다.

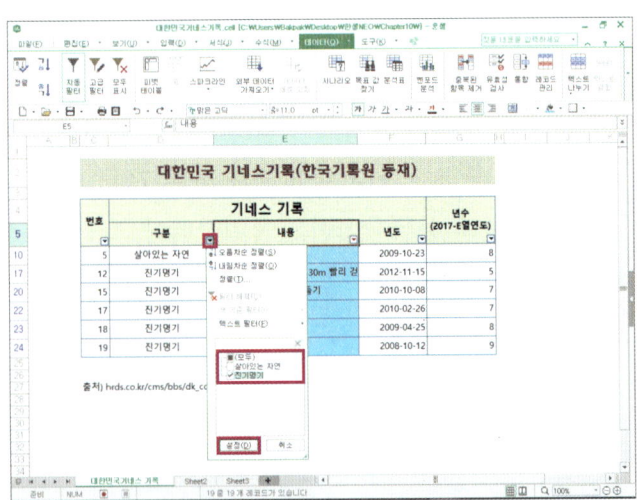

연습문제 풀어보기!

1 [F] 열의 페이지 수가 '400' 페이지 초과인 자료만 나타나게 변경해 봅니다.

예제파일 Chapter10₩연습문제1_시작.cell

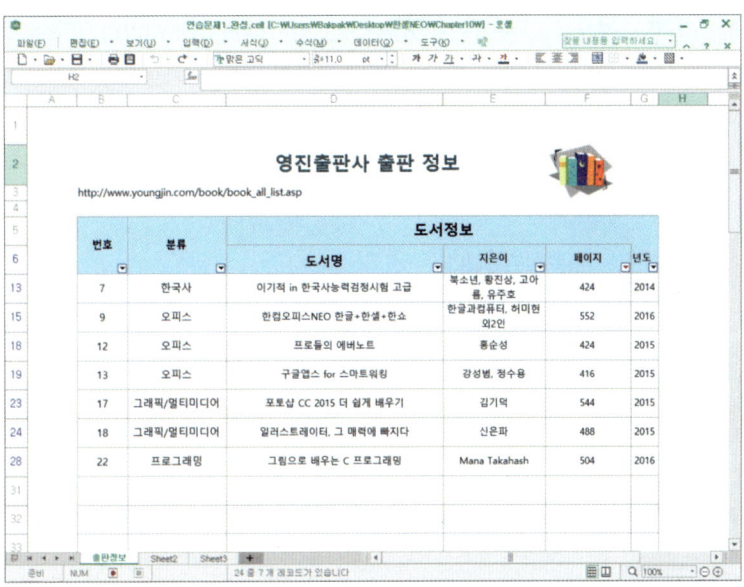

2 [D] 열의 도서명 중 '주황색'이 있는 셀과, [C] 열의 분류가 '어린이'인 곳만 나타나게 변경해 봅니다.

예제파일 Chapter10₩연습문제2_시작.cell

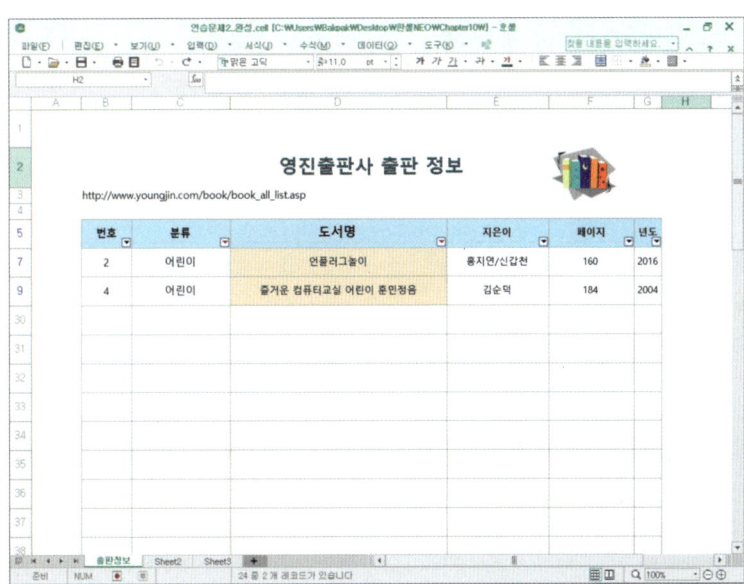

Chapter 11

전국에는 얼마나 많은 사람들이 있을까?

인구통계자료에서 경기도, 경상남도, 충청북도, 서울특별시 등 전국 17개 지역의 인구수와 성별, 총인구수를 구해 봅니다. 데이터가 너무 많다구요? 한셀의 부분합 기능을 이용하면 자동으로 합계와 평균을 구할 수 있어요. 부분합을 이용해 손쉽게 데이터를 분석해 보세요.

무엇을 배우나요?

★ 같은 항목끼리의 합계와 평균을 자동으로 구하는 부분합 기능을 학습합니다.

★ 부분합을 표시하고 변경하는 방법을 학습합니다.

완성화면 미리보기

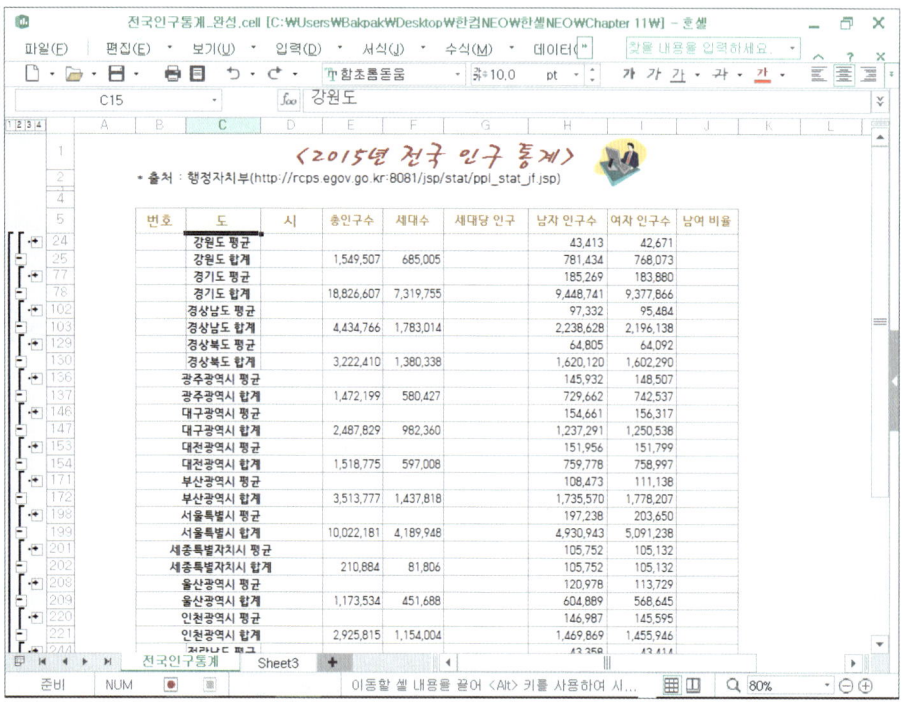

수업 길잡이

난이도	★★★★☆
예제파일	Chapter11₩전국인구통계.cell
학습기능	부분합

🔍 **이 학습과 예제를 통해** 각 지역이 끝나는 위치마다 총 인구수를 자동으로 구해 삽입할 수 있어요. 합계뿐만 아니라 평균도 손쉽게 알 수 있지요. 17개 지역별 총 인원수 합계, 그리고 평균을 구해 18개 세부 지역이 있는 강원도 인구수보다 2개 세부 지역이 있는 제주도 한 지역에 더 많은 인구가 거주한다는 것을 알 수 있어요.

부분합 작성하고 표시하기

1 예제파일을 열고 [B5:C269] 셀 범위 중 임의 셀을 클릭하고 [데이터] 탭–[오름차순 정렬](⟨↕⟩)을 클릭합니다.

> **TIP**
> 부분합을 작성하기 전에 데이터 정렬을 먼저 해야 합니다.

2 강원도, 경기도…순으로 자료가 보여집니다. 커서를 자료 안에 두고 [데이터] 탭–[부분합](📋)을 클릭하면 자동으로 범위가 지정됩니다. [부분합] 대화상자에서 다음과 같이 설정한 뒤 [실행]을 클릭합니다.

> 💡 **대화상자 설정 값** ......
> ① 그룹화할 항목 : 도 ② 사용할 함수 : 합계 ③ 부분합 계산 항목 : 총인구수, 세대수, 세대당 인구, 남자 인구수, 여자 인구수

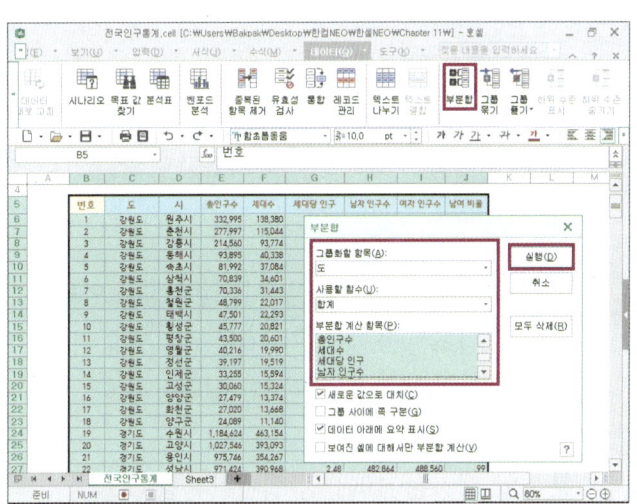

3 부분합 표시 단추가 나타납니다. 2번을 클릭하면 강원도, 경기도, 경상남도~충청북도의 인구수에 대한 합계만 표시됩니다.

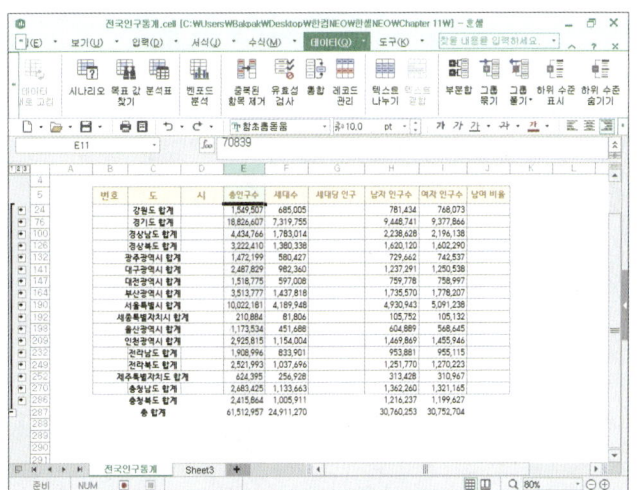

4 서울특별시의 인원만 자세하게 보고자 할 때는 [190] 행 왼쪽의 ⊞를 클릭하여 내용을 자세하게 확인합니다.

5 1번을 클릭하면 총합계만 보이고, 3번을 클릭하면 모든 지역의 내용이 자세하게 보입니다.

부분합 변경하기

1 평균 인구수를 더 보기 위해 자료 안에 임의의 셀을 클릭하고 [데이터] 탭-[부분합](📋)을 클릭한 후 [부분합] 대화상자에서 [새로운 값으로 대치]를 선택 해제합니다. 다음과 같이 설정하고 [실행]을 클릭합니다.

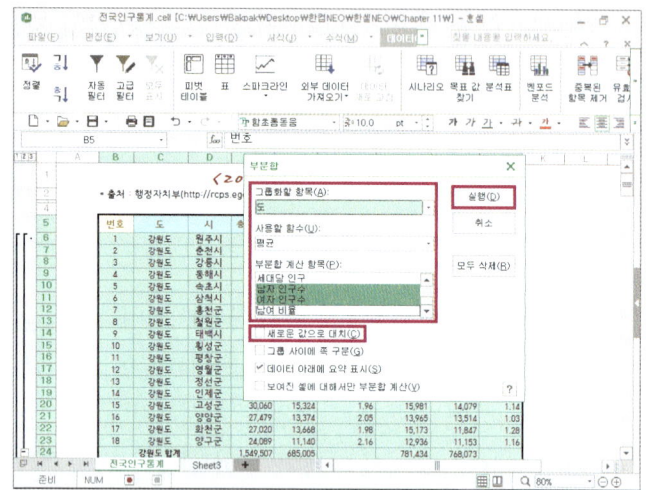

대화상자 설정 값

① 그룹화할 항목 : 도   ② 사용할 함수 : 평균
③ 부분합 계산 항목 : 남자 인구수, 여자 인구수

2 강원도의 지역별 합계 인원수 위에 평균 인원수가 표시됩니다. 강원도의 전체 인원수는 제주도보다 많지만 강원도는 18개 지역, 제주도는 2개 지역이므로 평균을 계산하면 세부지역은 제주도가 강원도보다 인구수가 많음을 알 수 있습니다.

3 부분합 제거는 [데이터] 탭-[부분합](📋)을 클릭하여 [부분합] 대화상자에서 [모두 삭제]를 클릭하여 할 수 있습니다.

연습문제 풀어보기!

1 4, 5, 6학년의 특기적성이 드론, 미술, 컴퓨터인 남, 여 학생수, 특기적성별 학생수가 총 몇 명인지를 부분합으로 실행해 봅니다.

예제파일 Chapter11₩연습문제1_시작.cell

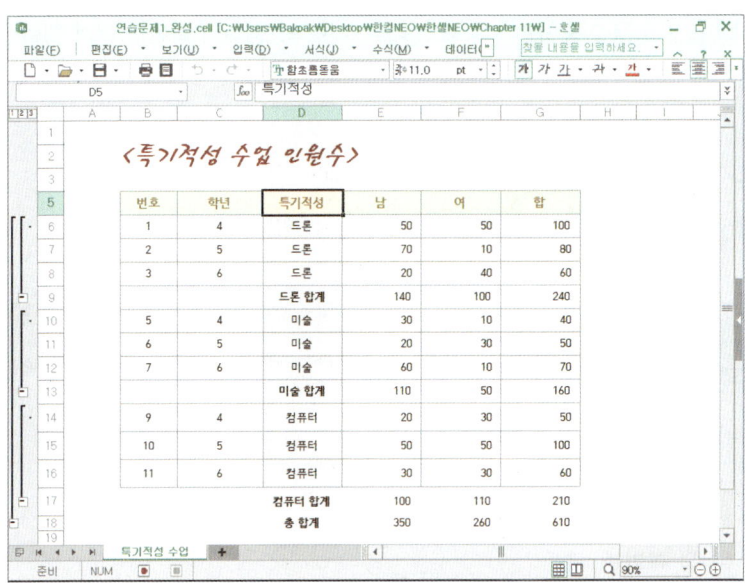

2 운동 칼로리 소모량 자료에서 운동 종류별 칼로리 소모량의 평균을 부분합으로 구하고 평균 자료만 표시해 봅니다.

예제파일 Chapter11₩연습문제2_시작.cell

계절별 인기 있는 상품은 무엇일까?

판매상품자료에서 2015년 11월~12월, 2016년 1월~6월의 날씨별 판매자료의 총금액을 구해 봅니다. 한셀의 피벗 테이블 기능을 이용하면 자동으로 가로, 세로 표 형태의 날짜를 년과 월로 묶어서 구할 수 있어요. 피벗 테이블을 이용해 손쉽게 데이터를 분석해 보세요.

무엇을 배우나요?

★ 같은 항목끼리 모아서 표현하는 피벗 테이블 기능을 학습합니다.

★ 날짜를 년, 월별로 묶고 데이터 영역 함수를 변경하는 방법을 학습합니다.

완성화면 미리보기

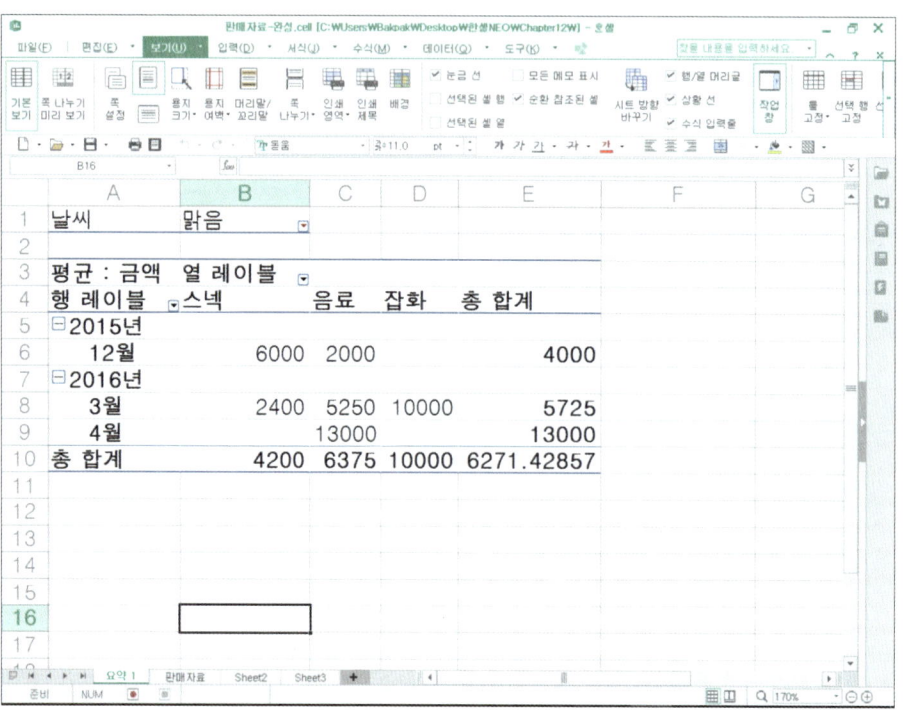

수업 길잡이

난이도 ★★★★☆

예제파일 Chapter12₩판매자료.cell

학습기능 피벗 테이블 작성, 데이터 영역 함수 변경

🔍 **이 학습과 예제를 통해** 계절별 날씨에 따라 많이 판매되는 물건의 종류를 표 형태로 볼 수 있고 판매된 물건의 값을 알 수 있어요. 합계뿐 아니라 평균 개수도 손쉽게 구할 수 있고, 보고 싶은 자료만 선택하여서 전체가 아닌 몇 개만 따로 보고 분석할 수도 있어요. 계절에 따라 많이 판매되는 물건을 분석하여 물건을 미리미리 준비해 놓을 수도 있고 잘 팔리지 않는 물건을 어떻게 하면 더 많이 팔게 하는지에 대한 고민도 할 수 있어요.

 ## 피벗 테이블 작성하기

1 예제파일을 열고 [B6:I25] 셀 범위 중 커서를 클릭하여 셀을 선택하고 [데이터] 탭-[피벗 테이블](□)을 클릭합니다.

2 데이터의 범위를 확인하고 [실행]을 클릭합니다.

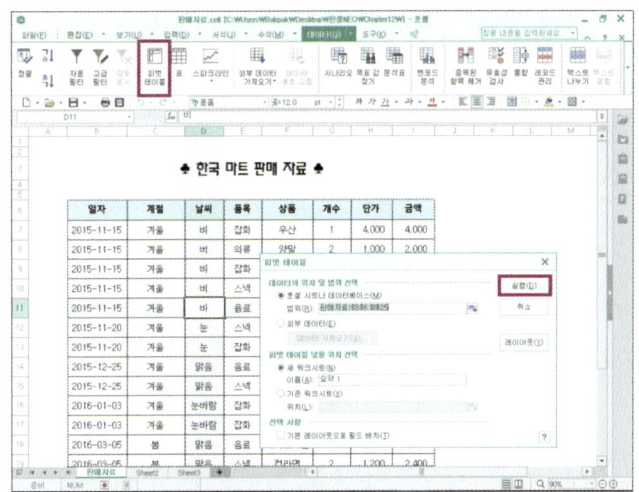

3 [피벗 테이블] 탭(□)이 생성되며 [피벗 테이블 필드 목록] 작업 창에서 다음의 필드를 선택하면 피벗 테이블이 자동으로 생성됩니다.

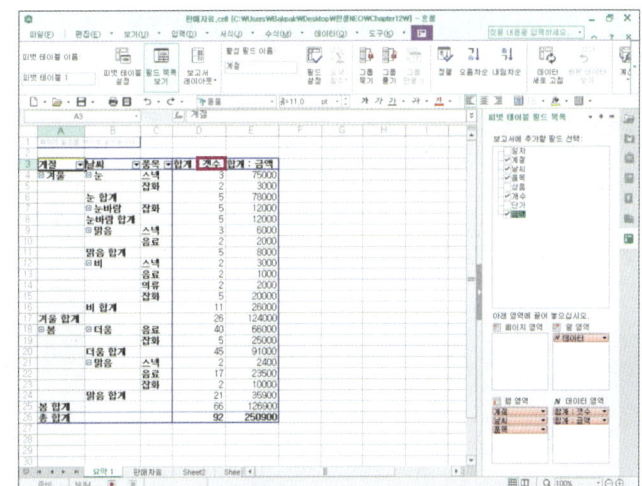

 **선택 필드 값** ·······

① 행 영역 : 계절, 날씨, 품목 ② 데이터 영역 : 개수, 금액

🏴 **TiP**

텍스트 자료인 계절, 날씨, 품목은 행 영역에 숫자 자료인 개수, 금액은 데이터 영역에 작성됩니다.

1 [행 영역], [데이터 영역]의 항목을 셀로 드래 그하여 [행 영역], [데이터 영역]을 깨끗하게 한 뒤 다음과 같이 각 영역에 드래그하여 피 벗 테이블을 완성합니다.

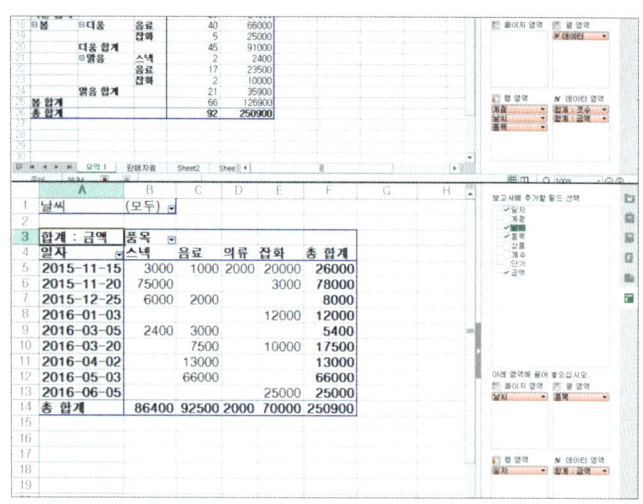

선택 필드 값 ·············

① 페이지 영역 : 날씨 ② 열 영역 : 품목
③ 행 영역 : 일자 ④ 데이터 영역 : 금액

2 2015년 11월부터의 맑은 날씨에 판매된 자료 를 년과 월로 묶어서 합계를 내기 위해 [페이 지 영역]의 [B1] 셀 필터 단추(▼)를 클릭하여 [맑음]을 선택하고 [확인]을 클릭합니다. [A5] 셀에서 마우스 오른쪽 버튼을 눌러 [그룹 묶기] 를 선택합니다. [그룹 만들기] 대화상자에서 [월], [연]을 클릭한 뒤 [확인]을 클릭합니다.

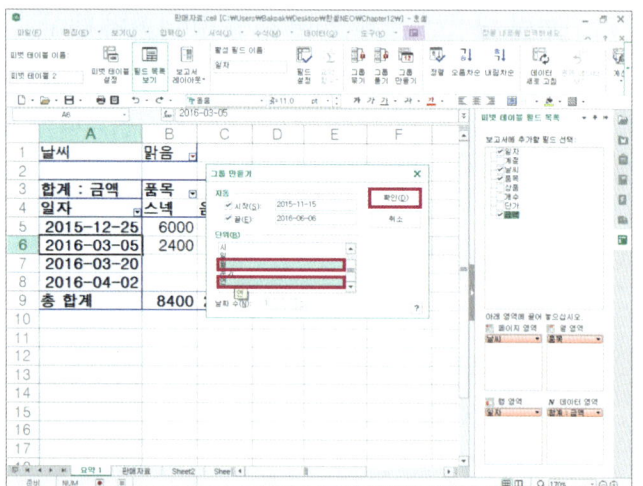

3 [피벗 테이블] 탭(▦)-[보고서 레이아웃](▦) 을 클릭하여 [압축 형식으로 표시]를 선택하 면 피벗 테이블의 표시 방법이 변경됩니다.

TiP

[B6] 셀을 클릭한 뒤 [요약 함수](▦)를 클릭하여 [평균]을 선택하면 평균으로 계산 값이 변경됩니다.

TiP

[판매자료] 워크시트의 내용을 변경한 후 [피벗 테 이블] 탭(▦)-[데이터 새로 고침](▦)을 클릭하여 야만 피벗 테이블의 내용이 바뀝니다.

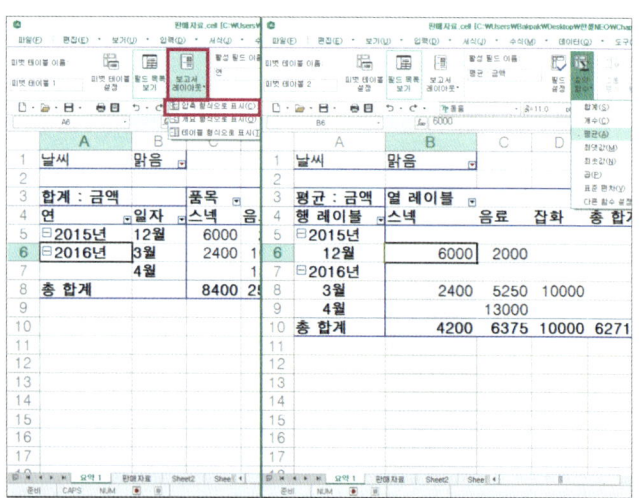

연습문제 풀어보기!

1 용돈사용처의 구분과 자세히를 이용하여 간식, 학용품, 선물의 사용처 중 학용품의 용돈 사용 총 금액이 얼마인지를 피벗 테이블로 만들어 봅니다.

`예제파일` Chapter12\연습문제1_시작.cell

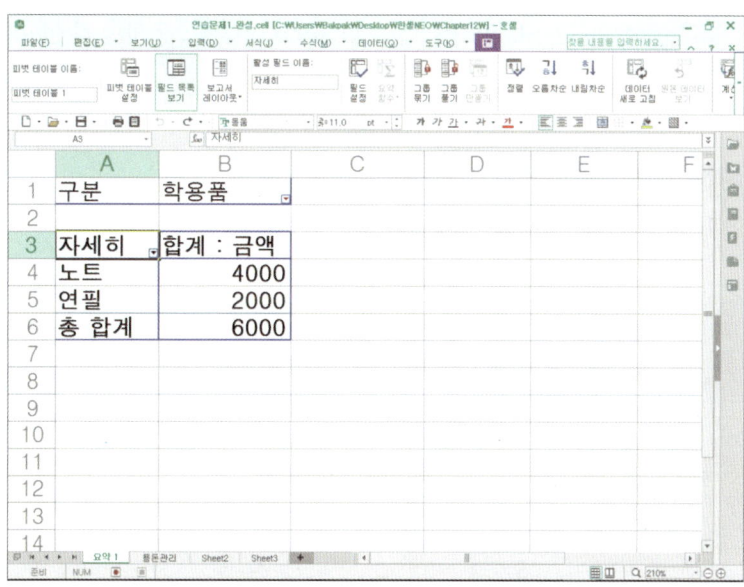

2 피벗 테이블의 결과 모양을 변경하고 날짜를 [월] 단위로 묶어서 보여지게 설정하며, 용돈의 총 금액을 용돈사용 횟수(개수)로 피벗 테이블의 전체 구성을 변경해 봅니다.

`예제파일` Chapter12\연습문제2_시작.cell

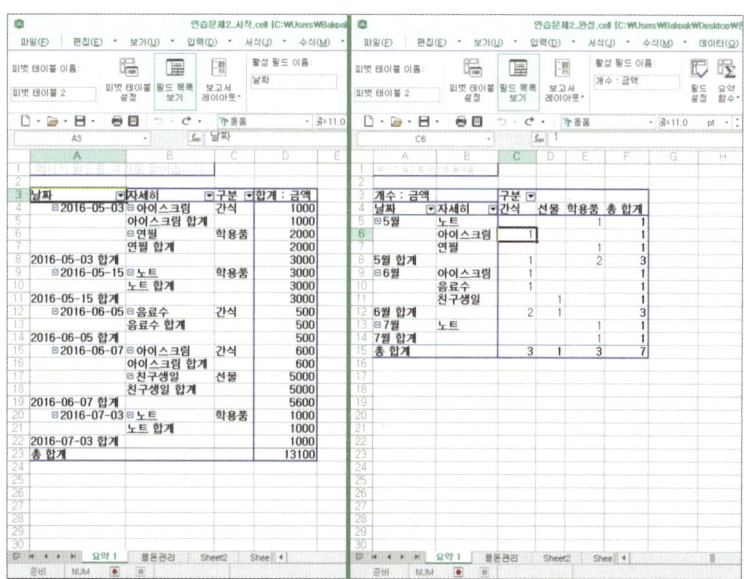

Chapter 13

일상생활 속 운동의 효과를 알아볼까?

몸 건강에 좋은 걷기, 달리기, 자전거 타기, 등산을 하루에 몇 분씩 했는지를 숫자로 기록하고 막대나, 꺾은선으로 일주일의 운동량을 표현해 봅니다. 스파크라인 기능을 이용하여 각 셀마다 차트를 만들 수 있어요. 셀에 꺾은선과 막대 차트로 자료를 표현해 보세요.

무엇을 배우나요?

★ 셀 단위로 표현하는 꺾은선 스파크라인 기능을 학습합니다.

★ 셀 단위로 표현하는 열 스파크라인 기능을 학습합니다.

완성화면 미리보기

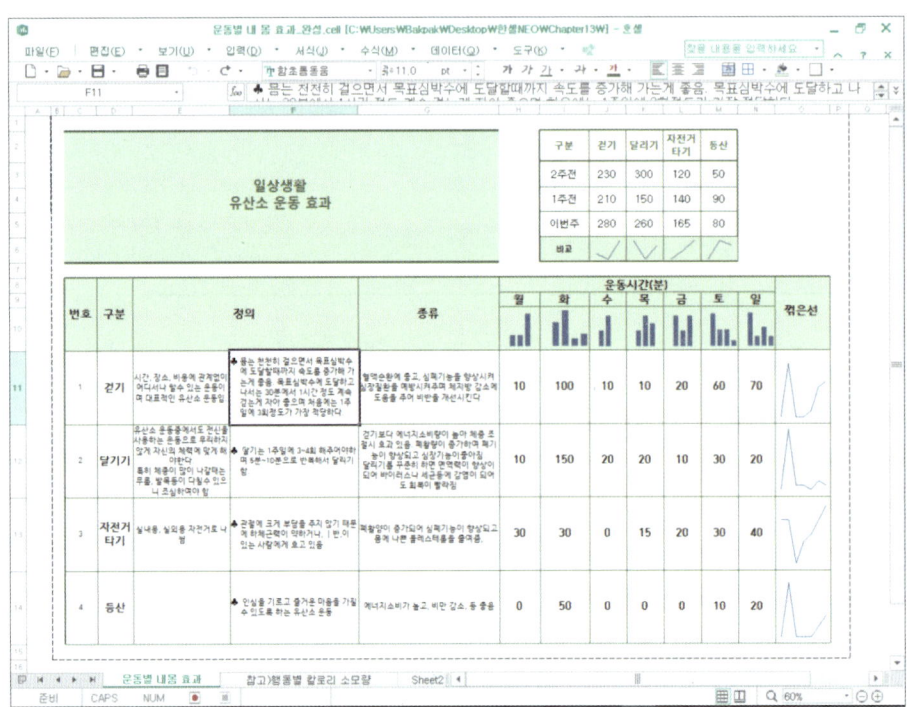

수업 길잡이

- **난이도** ★★★☆☆
- **예제파일** Chapter13₩운동별 내 몸 효과.cell
- **학습기능** 꺾은선 스파크라인 삽입, 열 스파크라인 삽입

🔍 **이 학습과 예제를 통해** 일상생활 운동을 요일별로 꺾은선 그래프나 열 스파크라인으로 각 셀마다 표현할 수 있어요. 숫자가 없어도 시각적으로 파악이 쉬워 운동 시간이 늘었는지, 줄었는지, 어떤 운동을 많이 했는지 비교하며 볼 수 있어요. 스파크라인은 셀 단위로 숫자를 눈에 더 잘 띄는 그림으로 만들어 주는 차트이므로 요일별 운동량 시간이 너무 많이 차이가 나거나 한 운동에 너무 집중했을 때 여러 운동을 골고루 할 수 있는 운동 계획을 짜는데 많은 도움을 받을 수 있어요.

1 예제파일을 열고 [O11] 셀을 클릭하고 [데이터] 탭-[스파크라인]( )을 클릭하여 [꺾은선형]을 선택합니다.

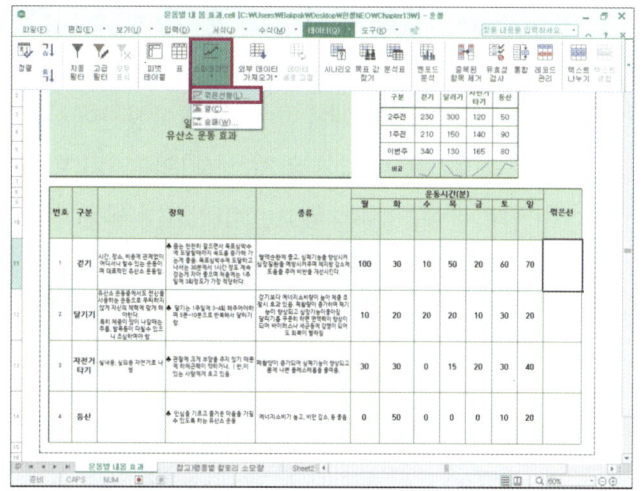

2 [스파크라인 만들기]에서 [원하는 데이터 선택]의 [데이터 범위] 입력란에 커서를 두고 걷기 운동의 [H11:N11] 셀을 드래그하여 월~일요일까지 범위 지정한 뒤 [확인]을 클릭합니다.

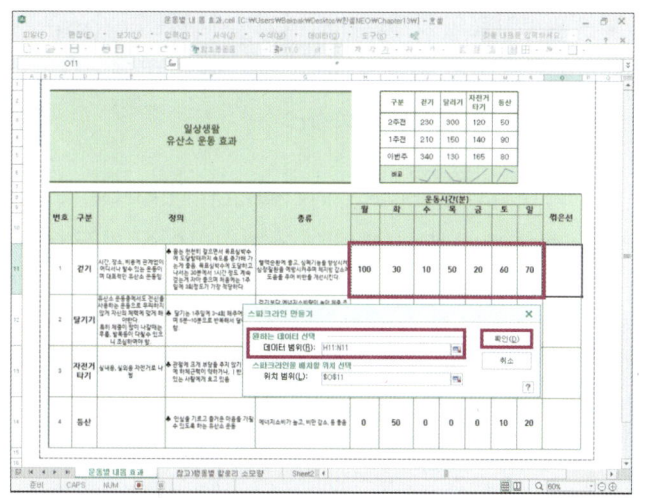

3 월요일 걷기 100분~일요일 70분까지 걷기의 운동시간을 꺾은선 차트로 [O11] 셀에 표시합니다. [O11] 셀에서 [O14] 셀까지 채우기 핸들로 드래그하여 꺾은선 스파크라인을 완성합니다.

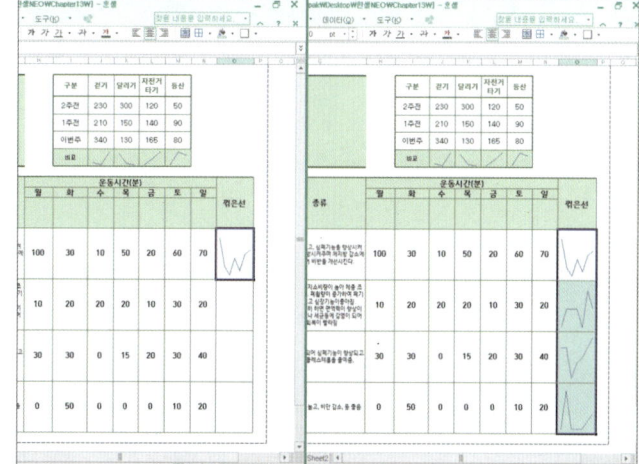

TiP

요일별 걷는 시간을 모두 '10분'으로 변경해 보면 [O11] 셀의 꺾은선 차트의 모양이 자동으로 변경됩니다.

1 [H10:N14] 셀을 범위 지정한 뒤 [데이터]탭-[스파크라인]( )을 클릭하여 [열]을 선택합니다. [스파크라인 만들기] 대화상자에서 [스파크라인을 배치할 위치 선택]의 [위치 범위] 입력란에 커서를 두고 [M10:N10] 셀을 범위 지정한 뒤 [확인]을 클릭합니다.

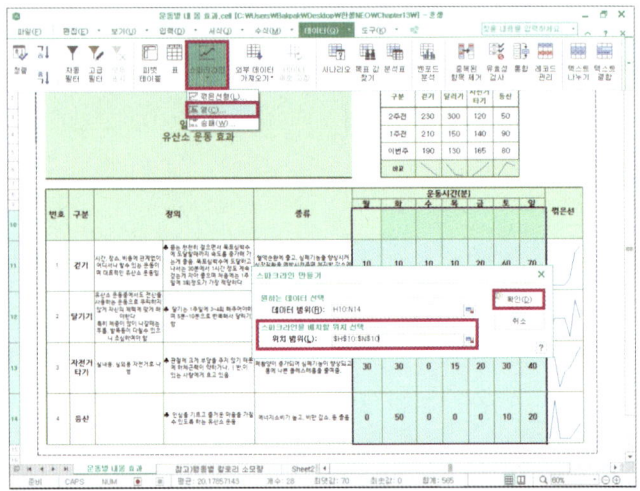

2 월~일요일에 걷기, 달리기, 자전거 타기, 등산 중 어떤 운동을 많이 했는지를 막대 차트로 각 셀마다 표시됩니다.

3 화요일의 걷기와 달리기를 100, 150으로 변경해 보면 [I11] 셀의 열 스파크라인이 자동으로 변경됩니다.

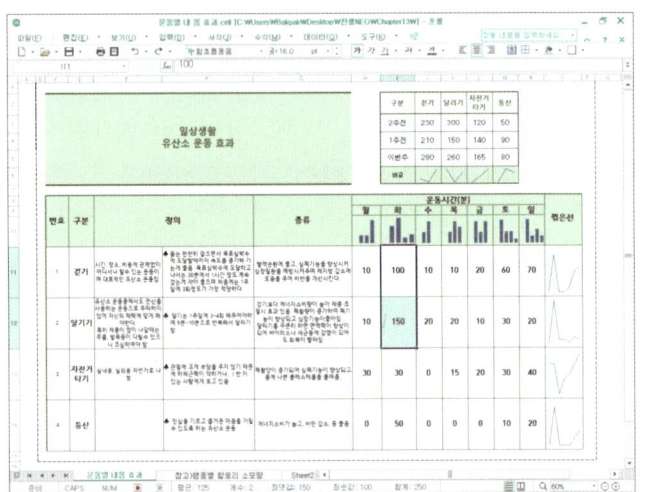

연습문제 풀어보기!

1 1~4일 동안의 독서량의 변화를 꺾은선 스파크라인으로 [M3:M7] 셀 범위에 '역사', '과학', '예술', '문화' 구분별로 각각 작성해 봅니다.

예제파일 Chapter13₩연습문제1_시작.cell

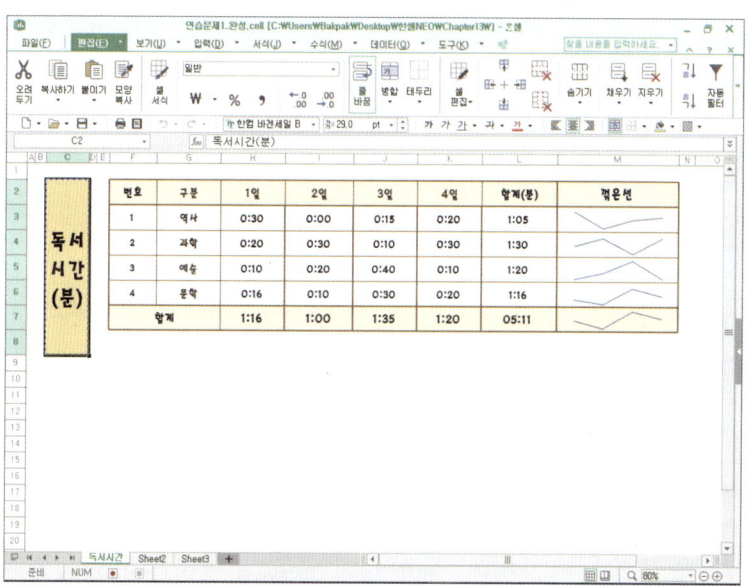

2 [E7] 셀에 작성된 꺾은선 스파크라인을 삭제하고, [J7] 셀에 [J3:J6] 셀 범위의 독서시간을 비교하는 열 스파크라인을 삽입해 봅니다.

예제파일 Chapter13₩연습문제2_시작.cell

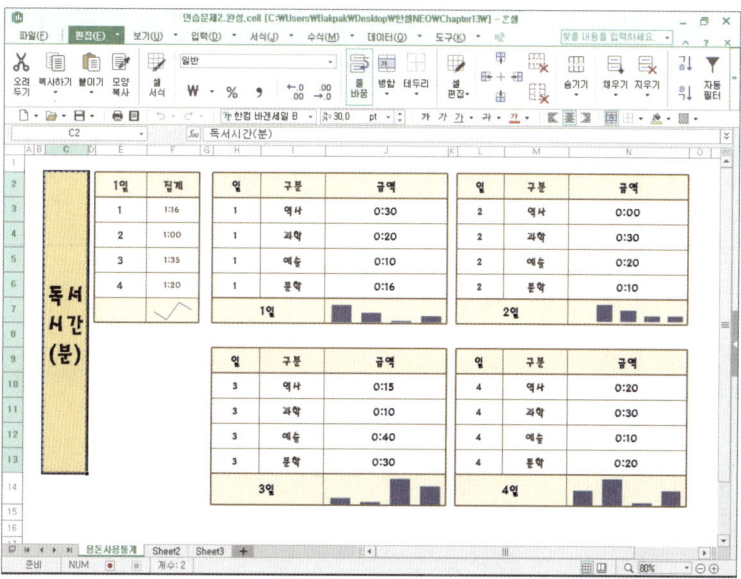

Chapter 14

내가 먹은 음식 칼로리는 얼마일까?

음식별 칼로리를 담고 있는 자료에서 음식을 고르면 칼로리가 나타나도록 목록을 만들어 봅니다. 입력하지 않고 목록에서 선택할 수 있어 편리해요. 목록을 작성해보고 원하는 결과 값을 얻기 위해 입력 값을 어떻게 변경해야 하는지를 알아봅니다. 유효성 검사를 이용하여 데이터의 오류를 막을 수 있고 목표 값을 이용하여 계산식에서 지정한 값이 얼마가 되어야 결과 값을 만들 수 있는지도 찾을 수 있어요.

무엇을 배우나요?

★ 데이터의 오류를 막기 위한 **유효성 검사 기능**을 학습합니다.

★ 특정 결과를 얻기 위해 값을 어떻게 변경해야 하는지 자동으로 계산하는 **목표 값 찾기 기능**을 학습합니다.

완성화면 미리보기

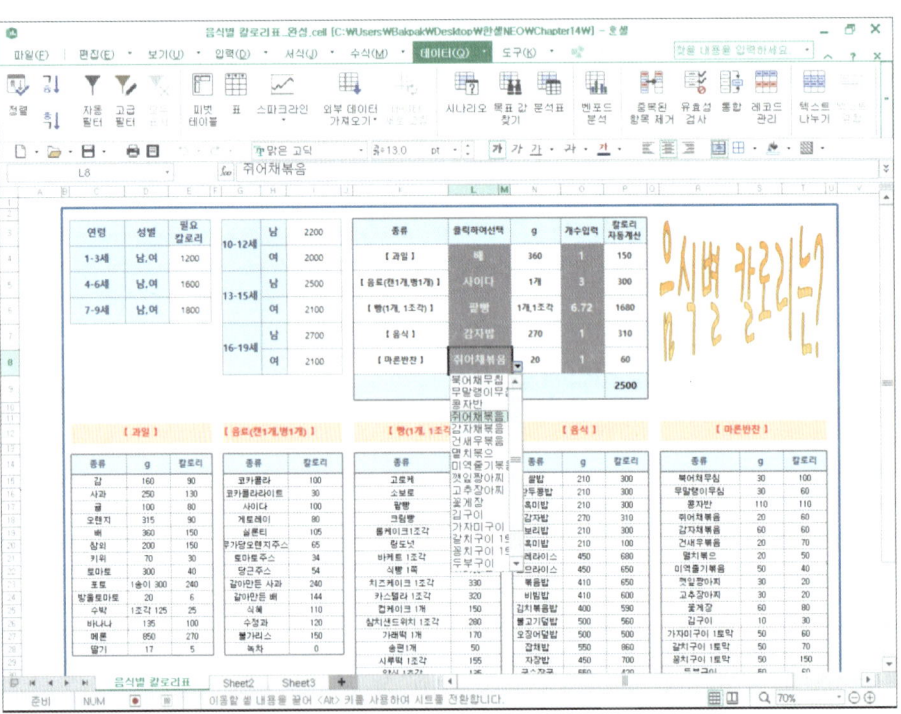

수업 길잡이

난이도 ★★★☆☆

예제파일 Chapter14₩음식별 칼로리표.cell

학습기능 유효성 검사, 목표값 찾기

🔍 **이 학습과 예제를 통해** 연령별 필요한 하루 섭취 총 칼로리 표에서 단위당 칼로리를 알 수 있어요. 유효성 검사 목록을 만들어 찾을 수 없는 오류를 없앨 수도 있고, 목표 값 찾기를 이용해 13~15세 남자의 경우 일일 권장 칼로리 2,500을 만들기 위해서 빵을 몇 조각 먹어야 하는지를 계산해 볼 수 있어요.

1 예제파일을 열고 [L4] 셀을 클릭하고 [데이터] 탭-[유효성 검사](📋)를 클릭합니다.

2 [데이터 유효성 검사] 대화상자의 [설정] 탭의 [제한 대상]-[목록]으로 선택하고 [원본] 입력란에 커서를 두고 [C15:C28] 셀을 드래그하여 [과일] 종류를 범위 설정한 뒤 [설정]을 클릭합니다.

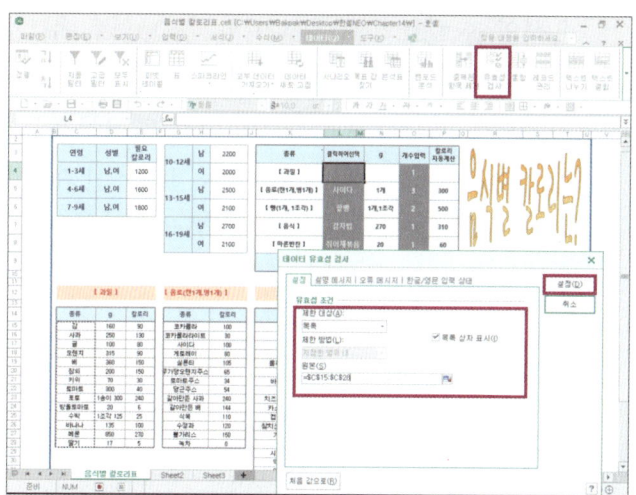

3 [L4] 셀을 클릭하면 펼침 단추(🔽)가 나타납니다. [배]를 선택하면 [N4], [P4] 셀에 그람(g)과 칼로리가 자동 계산됩니다. [L4:L8] 셀들 모두 항목을 선택하고 [O4:O8] 셀에 개수를 입력하면 칼로리와 총 칼로리가 계산됩니다.

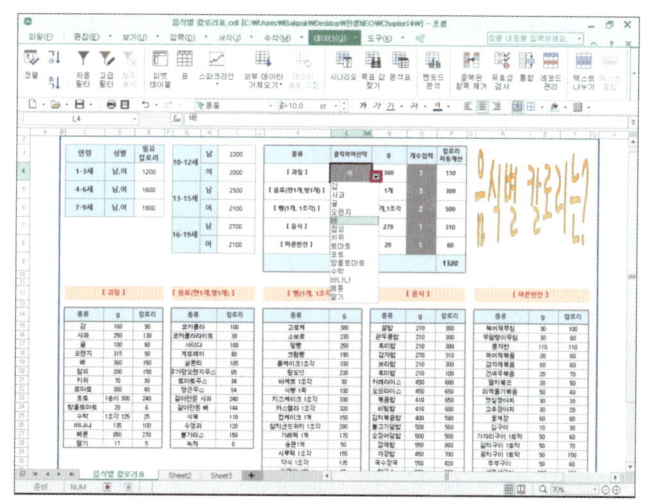

 TIP

데이터 유효성 검사
① 유효성 검사 목록 원본에 직접 값 입력 가능합니다. 예) 배, 사과, 음식
② 유효성 검사 삭제 방법 : [데이터 유효성 검사] 대화상자의 [설정] 탭-[유효성 조건]의 [제한 대상]-[모든 값]을 선택합니다.

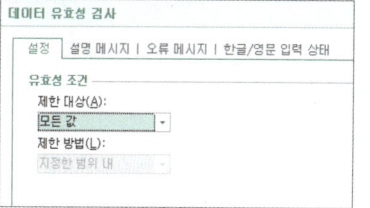

1 음식의 총 칼로리를 1,320에서 2,500으로 올리기 위해서 빵을 몇 개 더 먹어야 하는지를 자동으로 계산하기 위해 [데이터] 탭-[목표 값 찾기]()를 클릭한 뒤 [목표 값 찾기] 대화상자에서 다음과 같이 설정하고 [확인]을 클릭합니다.

> 💡 **대화상자 설정 값**
> ① 수식 셀 : [P9] 셀(총 칼로리) ② 찾는 값 : 2,500
> ③ 값을 바꿀 셀 : [O6] 셀(빵 개수)

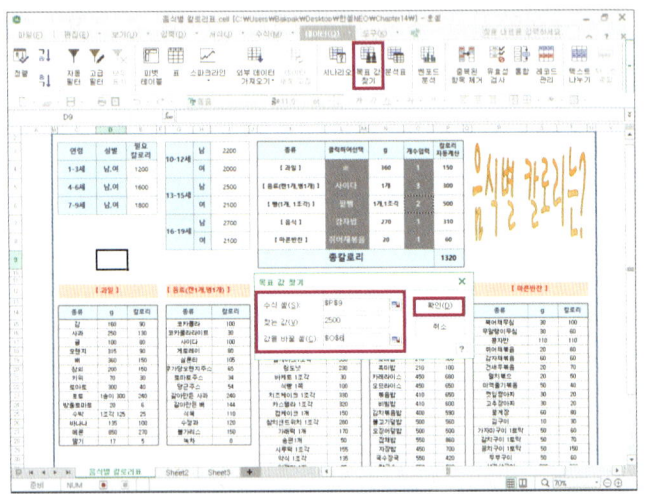

2 [O6] 셀 빵의 개수가 2개에서 6.72개로 자동 변경되고 [P9] 셀의 총 칼로리가 2,500으로 변경되면 [확인]을 클릭하여 데이터를 변경합니다.

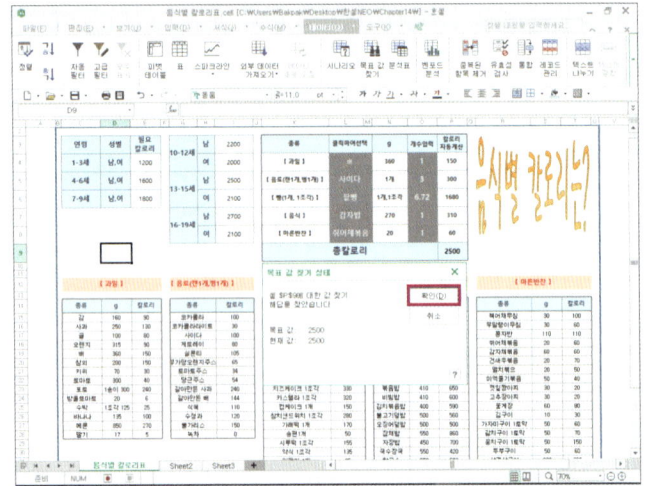

1 [C5] 셀에 [C15:C25] 셀 범위의 국가들을 목록으로 선택할 수 있도록 설정한 뒤 '스위스'로 국가를 변경해 봅니다.

예제파일 Chapter14₩연습문제1_시작.cell

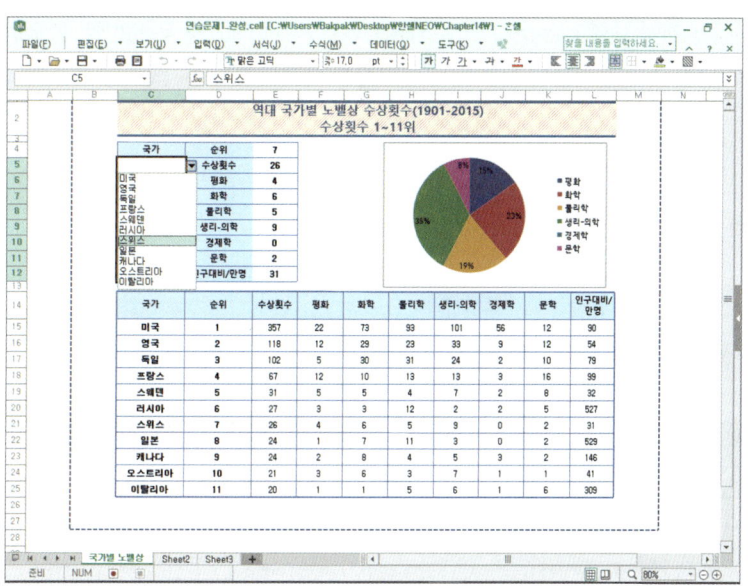

2 [M2] 셀의 48점 총점을 60점으로 올리기 위하여 [L7] 셀의 바른말 쓰기 별 개수가 3개에서 몇 개가 되어야 하는지를 목표 값 찾기 기능을 이용하여 자동으로 계산해 봅니다.

예제파일 Chapter14₩연습문제2_시작.cell

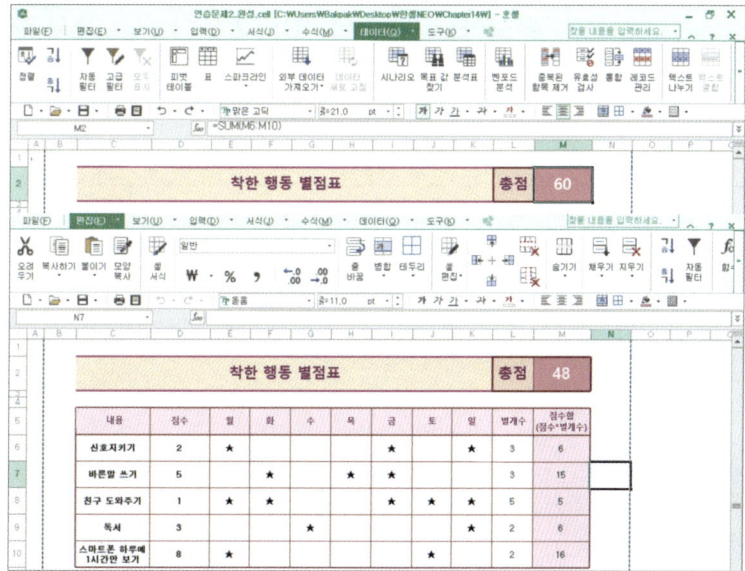

캐릭터 산업 경제 효과는 무엇이 있을까?

캐릭터의 매출 현황과 경제적 가치가 기록된 자료를 빈칸이나 '&' 표시로 여러 개의 셀로 나누어서 자료를 표현하고, 여러 개의 셀로 나누어져 있는 자료는 모아서 한 개의 셀로 표현할 수 있어요. 텍스트 나누기와 텍스트 결합 기능을 이용해 자료 나누기나 합치기를 한 번에 해 봅니다.

무엇을 배우나요?

★ 한 개의 셀에 있는 자료를 여러 개 셀로 나눌 수 있는 텍스트 나누기 기능을 학습합니다.

★ 여러 셀에 있는 자료를 지정한 구분자로 한 개의 셀로 합칠 수 있는 텍스트 결합 기능을 학습합니다.

완성화면 미리보기

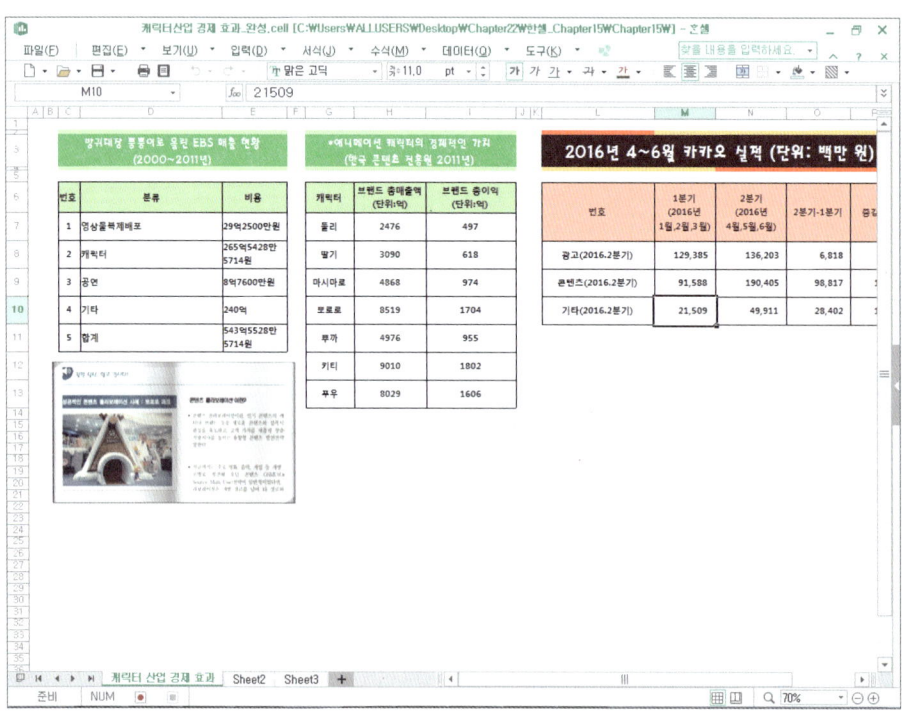

수업 길잡이

난이도 ★★★☆☆

예제파일 Chapter15₩캐릭터산업 경제효과.cell

학습기능 텍스트 나누기, 텍스트 결합

🔍 **이 학습과 예제를 통해** 캐릭터별 브랜드 총 매출액과, 브랜드 총 이익을 알 수 있어요. 한 개의 셀에 표시된 데이터를 두 개의 셀로 나눌 수 있고 두 개의 셀로 되어 있는 번호와 구분을 한 개의 셀로 결합할 수도 있어요. 자료를 나누고 합치는 작업을 통해서 애니메이션 브랜드 가치를 통계낼 수 있도록 자료를 바꿀 수 있어요. 어떤 브랜드가 어떤 항목에 인기가 좋은지를 파악할 수도 있어요.

1 예제파일을 열고 [D7:D11] 셀을 범위 지정한 뒤 [데이터] 탭-[텍스트 나누기](▦)를 클릭합니다. [문자열 마법사 1단계] 대화상자에서 [구분자로 분리됨]을 선택하고 [다음]을 클릭합니다.

2 [문자열 마법사 2단계] 대화상자의 [구분자]-[공백]을 선택하고 [마침]을 클릭합니다.

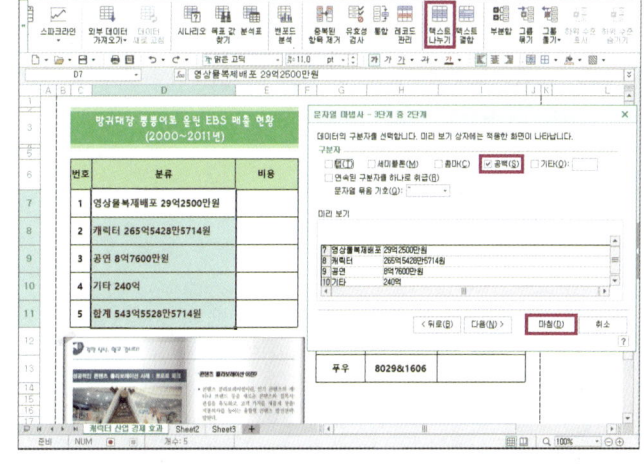

3 [D7:D11] 셀의 내용이 공백(빈칸)을 기준으로 [D] 열과 [E] 열로 나누어 졌습니다. [H7:H13] 셀을 범위 지정한 뒤 [데이터] 탭-[텍스트 나누기](▦)를 클릭하고 [문자열 마법사 1단계] 대화상자에서 [구분자로 분리됨]을 선택하고 [다음]을 클릭합니다.

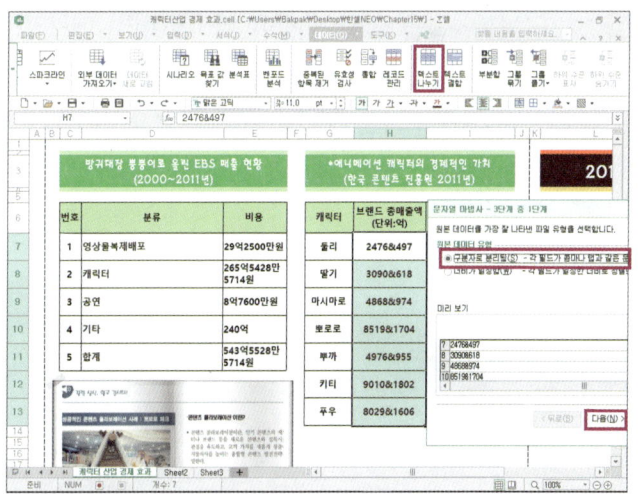

4 [문자열 마법사 2단계] 대화상자의 [구분자]에서 [기타] 입력란에 '&'을 입력한 뒤 [마침]을 클릭합니다.

 **TiP**

① 원본 [H7] 셀 : 2476&497 ② 결과 [H7] 셀 : 2476
③ 결과 : [I7] 셀 : 497

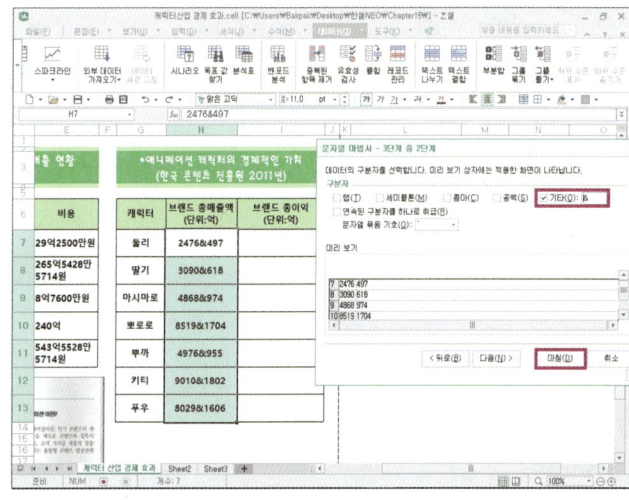

텍스트 결합하기

1 [L8:M10] 셀을 범위 지정한 뒤 [데이터] 탭-
[텍스트 결합]()을 클릭하여 [텍스트 결합]
대화상자에서 다음과 같이 설정하고 [설정]을
클릭합니다.

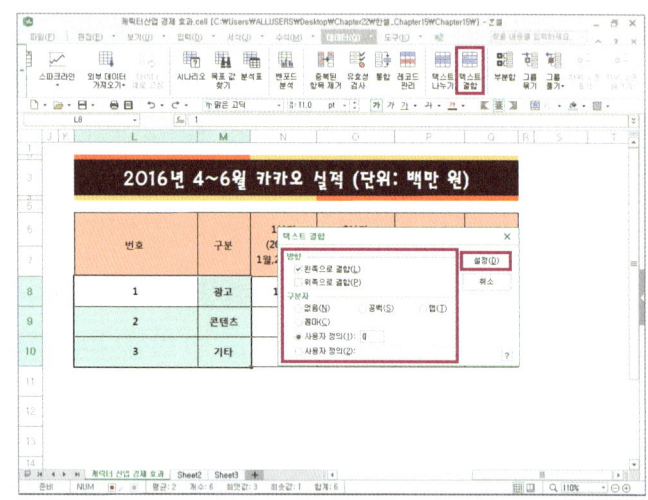

> **대화상자 설정 값**
> ① 병합 : 왼쪽으로 결합
> ② 구분자 : 사용자 정의-'(' 입력

2 [L8:M10] 셀을 범위 지정한 뒤 [데이터] 탭-
[텍스트 결합]()을 클릭하여 [텍스트 결합]
대화상자에서 다음과 같이 설정하고 [설정]을
클릭합니다.

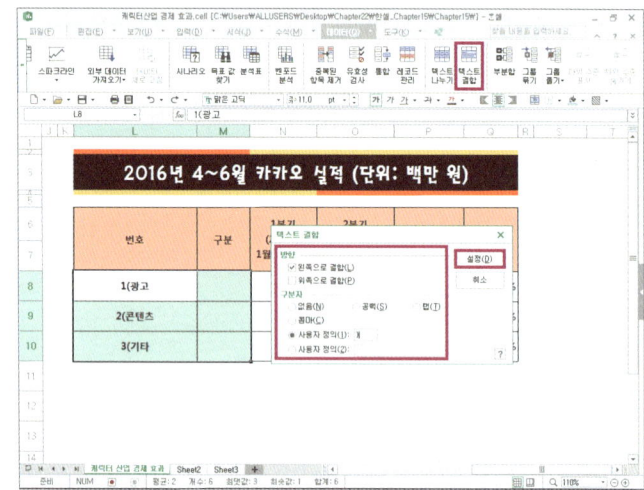

> **대화상자 설정 값**
> ① 병합 : 왼쪽으로 결합
> ② 구분자 : 사용자 정의-')' 입력

연습문제 풀어보기!

1 다음과 같이 셀 범위마다 다르게 텍스트 나누기를 해 봅니다.

① [F3:F25] 셀 : 난이도–학습소요시간 ② [H3:H25] 셀 : 영어–한글

예제파일 Chapter15₩연습문제1_시작.cell

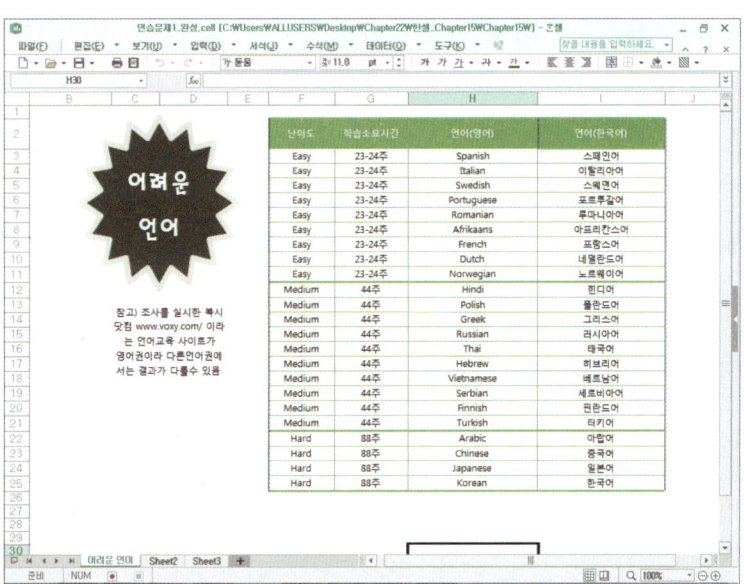

2 [F10] 셀에 '공백'으로 [G10:H13] 셀 범위의 주소를 결합하고 여러 명에게 동시에 이메일을 보낼 수 있도록 [H3:H6] 셀 범위의 이메일을 [H3] 셀에 콤마(,)로 텍스트 결합해 봅니다.

예제파일 Chapter15₩연습문제2_시작.cell

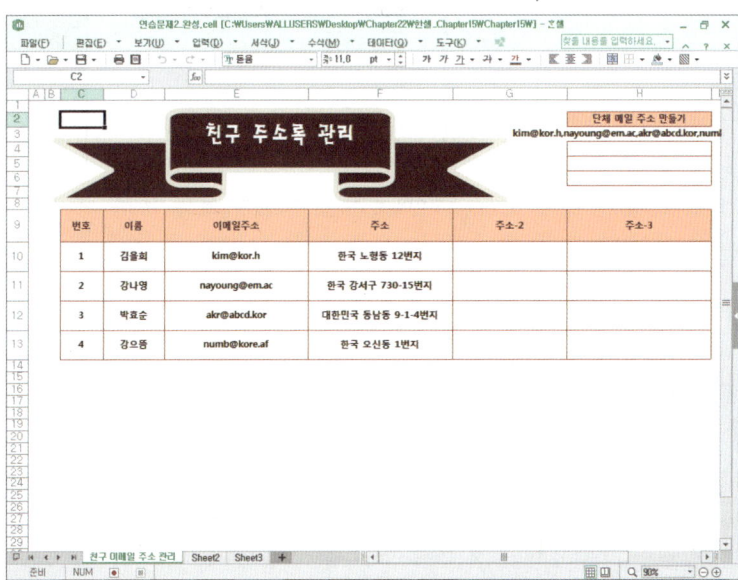

Chapter 16

우리 자랑스러운 한식의 장점을 알아보자!

한식의 장점이 나열된 자료를 1페이지에 인쇄하거나 또는 필요한 영역만 인쇄할 수 있도록 인쇄 옵션을 설정해 봅니다. 인쇄 옵션을 통해 용지 크기 변경, 방향, 구역 등 다양한 용지 설정과 머리글 설정, 인쇄 미리보기와 같은 기능들을 익혀 보세요. 쪽 설정 기능과 인쇄 기능을 이용하여 화면에서 보이는 자료를 종이로 출력해 보세요.

무엇을 배우나요?

★ 용지 크기, 방향, 구역 등 다양한 용지 설정 방법을 학습합니다.

★ 제목 반복, 페이지 위쪽에 같은 내용 출력, 머리글을 설정하는 방법을 학습합니다.

★ 인쇄 미리보기와 인쇄 설정에서의 옵션 설정 방법을 학습합니다.

완성화면 미리보기

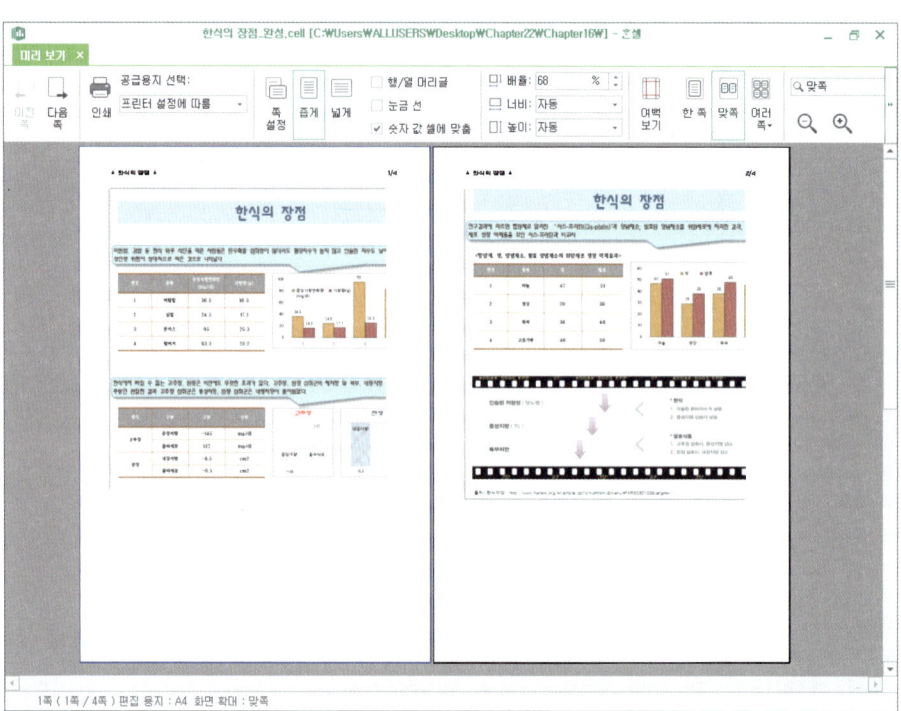

수업 길잡이

난이도 ★★★☆☆

예제파일 Chapter16₩한식의 장점.cell, 배경그림.png

학습기능 인쇄 설정, 제목 반복, 머리말 설정, 미리 보기, 인쇄 방법

🔍 **이 학습과 예제를 통해** 한식의 장점을 효과별로 분류한 자료를 종이로 출력해서 보관할 수 있어요. 출력 시 종이는 A4, B5 등 종류가 다양하고 보관 시 위 또는 옆으로 묶을 공간도 그때그때 다르기 때문에 쪽 설정의 다양한 옵션을 활용해요. 출력 시 용지 방향, 제목 반복 등 인쇄 옵션을 통해 내 입맛대로 골라 출력할 수 있고 더불어 다양한 옵션들을 익히고 활용할 수 있어요.

인쇄 설정하기

1 예제파일을 열고 이름상자를 클릭한 뒤 [B2:M44]를 입력하여 범위 지정합니다.

2 [보기] 탭-[인쇄 영역](📄)을 클릭하여 [인쇄 영역 설정]을 선택합니다.

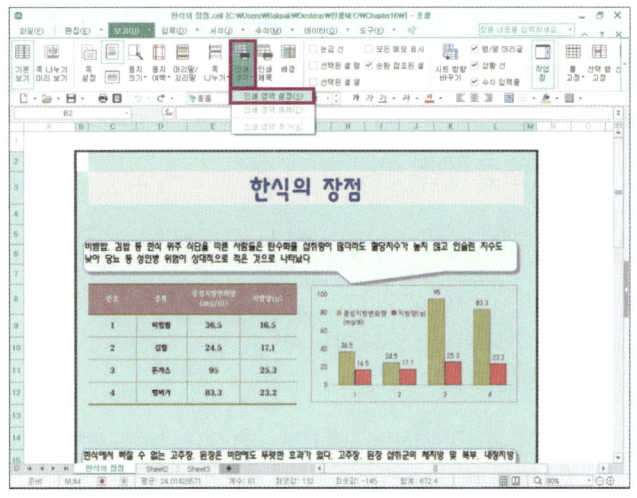

3 인쇄 영역으로 설정된 구역이 점선(┊)으로 보여집니다. 파란색 점선을 [M] 열까지 오른쪽으로 드래그하여 없애고 2페이지 구역의 파란색 점선을 [23]행 위로 드래그하여 1, 2페이지를 구별합니다.

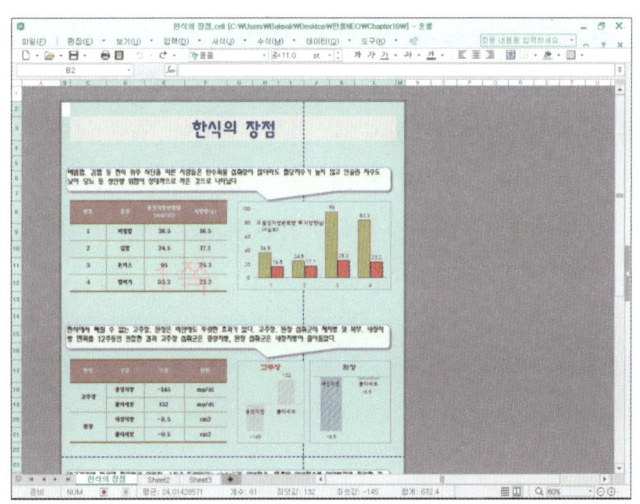

🚩 TIP

파란색 점선(┊)은 페이지 나누기, 파란색 실선(│)은 인쇄 영역을 나타냅니다.

4 [서식 도구 상자]의 [인쇄 미리 보기](📰)를 클릭하여 [미리 보기] 창에서 [맞쪽](📖)을 클릭하여 1, 2페이지의 인쇄 구역을 화면으로 확인합니다. [닫기](📤)를 클릭하여 [인쇄 미리보기]를 종료하고 [보기] 탭-[기본 보기](📰)를 클릭하여 [쪽 나누기 미리 보기]를 종료합니다.

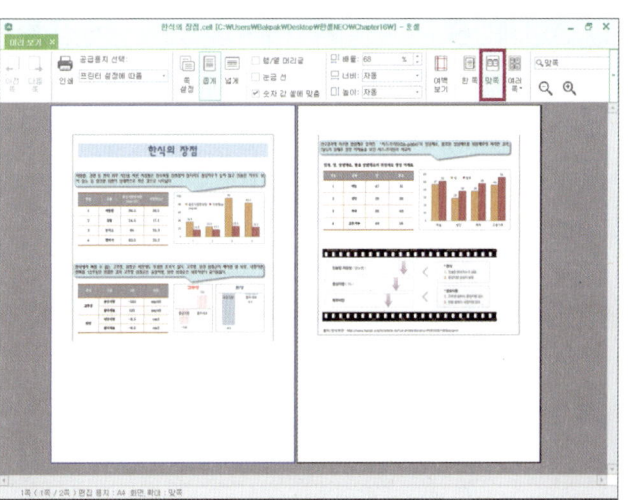

1 [보기] 탭–[인쇄 제목](🖨)를 클릭한 뒤 [쪽 설정] 대화상자의 [인쇄 제목]–[반복할 행] 입력란에 커서를 두고 [3] 행을 선택 후 [미리 보기]를 클릭합니다.

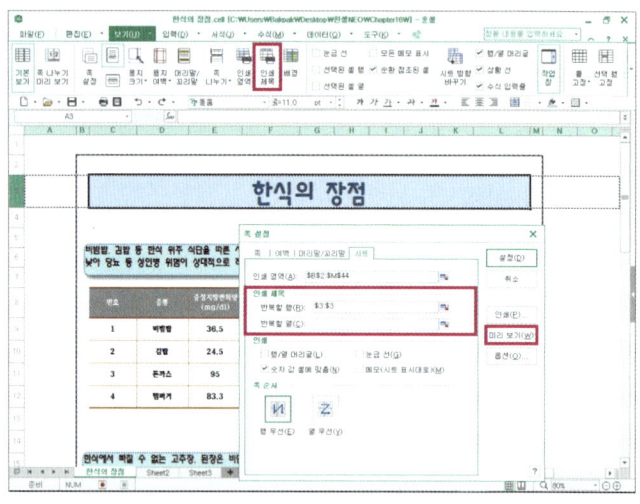

2 1, 2페이지에 [3] 행의 '한식의 장점'이 모두 표시되면 확인 후 [닫기](↩)를 클릭하여 [인쇄 미리 보기]를 종료합니다.

🚩 **TiP**

[3] 행을 변경하면 자동으로 2페이지의 제목도 변경됩니다.

3 F7 을 누르고 [쪽 설정] 대화상자의 [머리말/꼬리말] 탭–[머리말]–[편집]을 클릭합니다. [머리말] 대화상자의 [왼쪽 구역]에 '★한식의 장점★'을 입력하고 오른쪽 구역에 [쪽 번호](🔢)를 클릭한 뒤 '/'를 입력하고 [전체 쪽 수](🔢)를 클릭하여 '&[쪽 번호]/&[전체 쪽 수]'로 표시되게 하고 [확인]–[설정]을 클릭합니다.

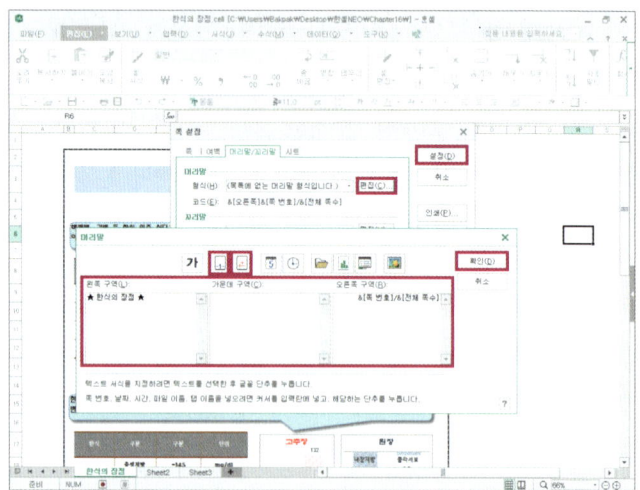

4 [인쇄](🖨)를 클릭하고 [인쇄] 대화상자 [워터마크] 탭–[그림 워터마크]–[열기](📂)를 클릭하여 '배경그림.png'를 더블클릭합니다. [회색조](🖼)를 클릭하고 [미리 보기]를 클릭합니다.

🚩 **TiP**

문서 배경에 '배경그림.png'가 반복해서 표시되고 문서의 맨 위 왼쪽과 오른쪽에 '★한식의 장점★', '1/2', '2/2' 페이지가 표시됩니다.

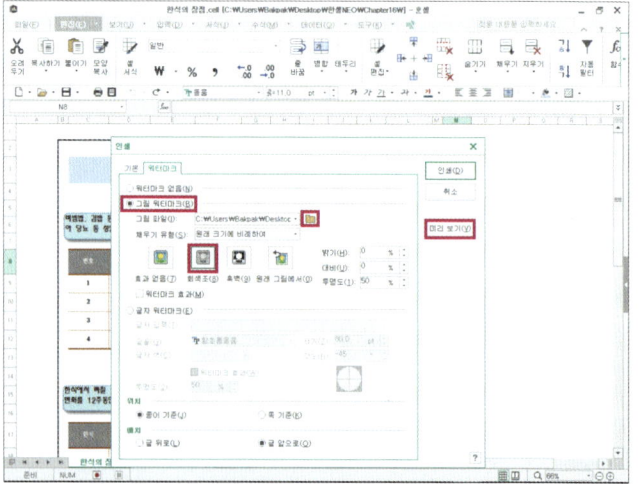

연습문제 풀어보기!

1 용지를 넓게 변경하고 [B1:H15] 셀 범위가 1페이지에 인쇄될 수 있도록 [쪽 나누기 미리 보기] 화면에서 설정해 봅니다.

예제파일 Chapter16₩연습문제1_시작.cell

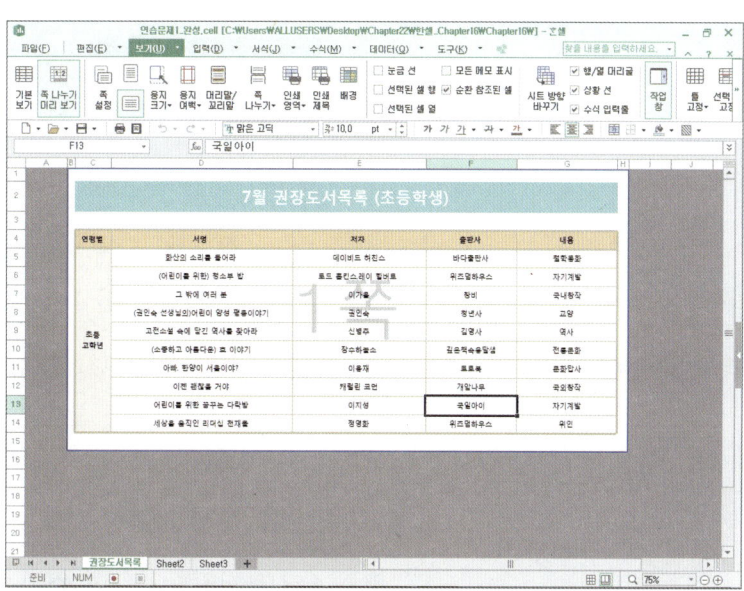

2 1페이지로 되어 있는 인쇄 옵션을 다음과 같이 추가한 뒤 [인쇄 미리 보기 맞쪽]을 실행해 봅니다.
① 쪽 나누기 : [14] 행 아래 ② 인쇄 제목 반복할 행 : [1:4] 행
③ 머리말 가운데 구역 : &[쪽 번호]/&[전체 쪽 수] ④ 머리말 오른쪽 구역 : '▶ 도서목록 ◀' 입력

예제파일 Chapter16₩연습문제2_시작.cell

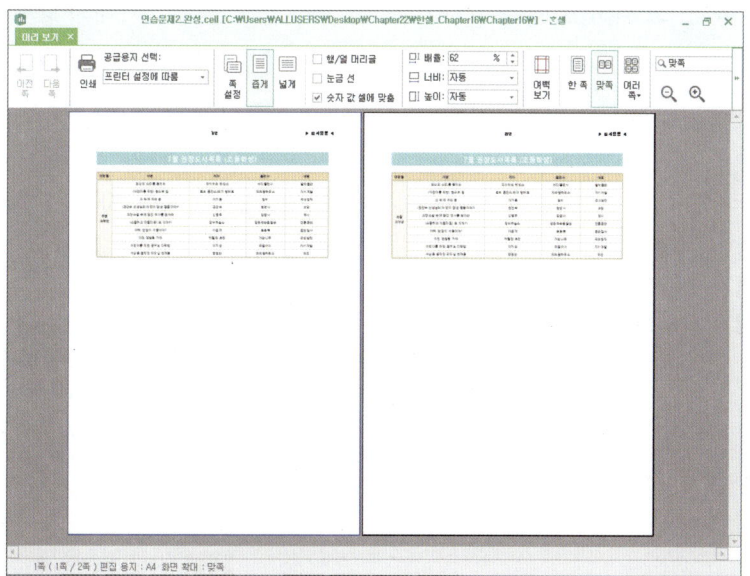

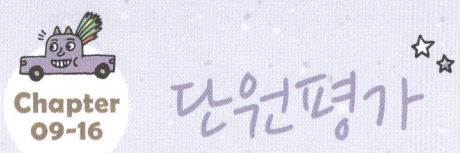

Chapter 09-16 단원평가

1 데이터 목록의 부분합과 총합을 자동으로 구하는 기능인 부분합에서 계산 전에 부분합을 구하려는 항목을 그룹으로 묶어줘야 하는데 이때 그룹으로 묶기 위해서 먼저 수행되어야 하는 기능은?

① 정렬　　　　　② 필터
③ 스타일　　　　④ 숨기기

2 다음 설명 중 올바르지 않은 것은?

① 숫자는 내림차순 적용 시 큰 숫자 → 작은 숫자로 정렬된다.
② 문자는 오름차순 적용 시 ㄱ → ㅎ 순으로 정렬된다.
③ 두 개 이상의 정렬은 [데이터] 탭-[정렬]을 사용해야 한다.
④ 정렬 작업 시 반드시 범위를 지정하고 작업해야 한다.

3 다음 그림과 같이 조건 목록에서 원하는 조건을 선택하면 해당 데이터만 표시하는 한셀 기능은?

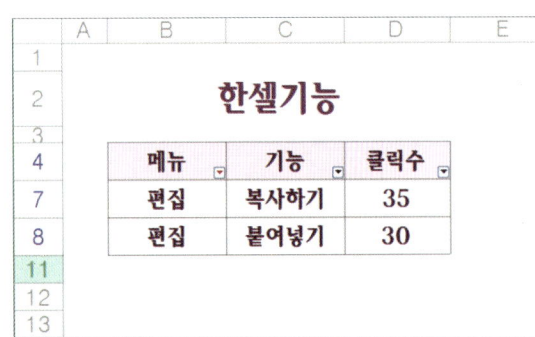

① 자동 필터　　　② 그룹
③ 목표 값　　　　④ 레코드 관리

4 다음 그림과 같이 많은 양의 데이터에서 필요한 자료만을 뽑아 새롭게 표를 작성해 주는 한셀의 기능은?

응시월	분류	지역	응시인원수
2015년5월	국내	서울	5,683
2015년5월	국내	부산	2,604
2015년5월	국내	인천	2,443
2015년5월	국내	경기	12,122
2015년5월	국내	강원	1,904
2015년5월	국내	충북	143
2015년5월	국내	경남	6,453
2015년5월	국내	전남	924
2015년5월	국외	아시아	2,662

지역　(모두)

행 레이블	합계 : 응시인원수
국내	75,586
2015년5월	32,276
2015년6월	43,310
국외	19,405
2015년5월	6,912
2015년6월	12,493
총 합계	94,991

① 피벗 테이블　　② 벤포드 분석
③ 시나리오　　　　④ 고급 필터

5 셀 단위로 작성 가능한 차트는?

① 조건부 서식　　② 스파크라인
③ 셀 서식　　　　④ 채우기

6 피벗 테이블에 대한 설명 중 올바른 것은?

① 피벗 테이블의 행은 1개의 항목만 가능하다.
② 피벗 테이블 열은 1개의 항목만 가능하다.
③ 피벗 테이블 데이터 영역은 문자는 개수, 숫자는 합계만 가능하다.
④ 피벗 테이블 원본 자료가 변경되면 피벗 테이블의 데이터 새로고침을 실행하여야 반영된다.

정답　1 ①　2 ④　3 ①　4 ①　5 ②　6 ④

7 다음 그림과 같이 입력되는 데이터의 오류를 최대한 막기 위해서 목록의 자료만 선택 입력하도록 제한하는 한셀의 기능은?

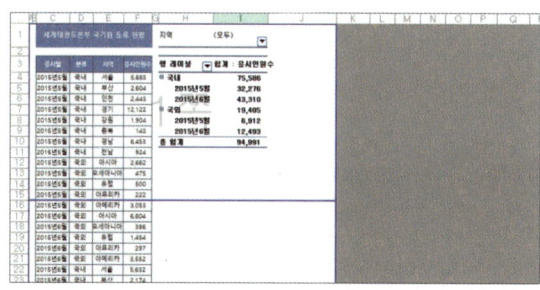

① 양식 개체　　　② 워드숍
③ 스크린 샷　　　④ 유효성 검사

8 데이터 관리를 위해 제공하는 기능이 아닌 것은?

① 구역 나누기　　② 텍스트 나누기
③ 피벗 테이블　　④ 텍스트 결합

9 다음 그림과 같이 굵은 파란색 선으로 인쇄 구역, 점선 파란색으로 쪽 나눔선을 표시해 주는 화면을 보기 위해 실행되어야 하는 기능은?

① 쪽 설정　　　　② 쪽 나누기 미리 보기
③ 쪽 나누기　　　④ 인쇄 제목

10 인쇄 설정과 관련한 사항으로 올바르지 않은 것은?

① 쪽 설정 단축키는 한글, 한쇼와 같은 **F7** 이다.
② 쪽 번호는 '쪽번호 매기기'에서 설정한다.
③ 여러 페이지에 공통으로 나오는 인쇄 제목을 설정할 수 있다.
④ 워크시트 배경에 공통으로 출력되는 '워터마크' 기능을 제공한다.

11 피벗 테이블에서 제공하는 기능이 아닌 것은?

① 보고서 레이아웃　② 그룹 묶기
③ 요약 함수　　　　④ 분석표

12 자동 필터에 대한 설명 중 올바르지 않은 것은?

① 셀 색상 필터 기능을 제공한다.
② 숫자, 텍스트의 조건에 해당하는 자료를 필터한다.
③ 날짜 형식으로 입력된 자료는 년, 월 필터를 제공한다.
④ 필터 조건을 4개까지 지정할 수 있다.

정답　7 ④　8 ①　9 ②　10 ②　11 ④　12 ④

대륙별 세계문화유산 개수는 얼마나 될까?

나라별 세계문화유산 보유 개수 자료에서 대륙별 보유 문화유산 총합, 평균, 최댓값, 최솟값을 구해 봅니다. 자료를 계속해서 암산으로 계산하려니 너무 많은 시간이 들어요. 한셀에서는 데이터가 있는 셀을 범위 지정하여 합, 평균, 최대, 최솟값을 계산할 수 있는 기본 함수를 제공해요. 함수를 선택하여 데이터 범위만 설정해 아주 쉽게 자료를 통계내 보세요.

무엇을 배우나요?

★ 합계를 구하는 SUM 함수 기능을 학습합니다.

★ 평균을 구하는 AVERAGE 함수 기능을 학습합니다.

★ 큰 값과 작은 값을 구하는 MAX/MIN 함수 기능을 학습합니다.

완성화면 미리보기

세계문화유산 리스트 (대륙별 1~10위)

http://www.unesco.or.kr/heritage/wh/list_all.asp

번호	아시아	건수	아메리카	건수	아프리카	건수	유럽	건수	전체
1	이스라엘	50	멕시코	32	에티오피아	9	스페인	44	135
2	중국	47	미국	22	모로코	9	독일	40	118
3	인도	32	브라질	19	남아프리카공화국	8	프랑스	39	98
4	일본	18	오스트레일리아	19	튀니지	8	영국	28	73
5	이란	17	캐나다	17	탄자니아	7	러시아	26	67
6	터키	14	페루	12	알제리	7	그리스	17	50
7	대한민국	12	아르헨티나	9	세네갈	7	포르투갈	15	43
8	스리랑카	8	쿠바	9	케냐	6	스웨덴	15	38
9	베트남	8	콜롬비아	8	콩고민주공화국	6	폴란드	13	35
10	인도네시아	8	볼리비아	7	짐바브웨	5	제코	12	32
합계		0		214		0		154		0		72		0		249		689

세계문화유산 리스트

http://www.unesco.or.kr/heritage/wh/list_all.asp

지역	합	평균	Max	Min
아시아	317	7.547619	50	1
아메리카	204	5.8285714	32	1
아프리카	127	3.3421053	9	1
유럽	44	9.775	44	1

지역1	지역2	국가	건수
아시아	남아시아	네팔	4
아시아	남아시아	방글라데시	3
아시아	남아시아	스리랑카	8
아시아	남아시아	아프가니스탄	2
아시아	남아시아	이란	17
아시아	남아시아	인도	32
아시아	남아시아	파키스탄	6
아시아	동남아시아	라오스	2

지역1	지역2	국가	건수
아메리카	남아메리카	베네수엘라	3
아메리카	남아메리카	볼리비아	7
아메리카	남아메리카	브라질	19
아메리카	남아메리카	수리남	2
아메리카	남아메리카	아르헨티나	9
아메리카	남아메리카	에콰도르	5
아메리카	남아메리카	우루과이	1
아메리카	남아메리카	칠레	6

지역1	지역2	국가	건수
아프리카	남아프리카	나미비아	2
아프리카	남아프리카	남아프리카공화국	8
아프리카	남아프리카	레소토	1
아프리카	남아프리카	마다가스카르	3
아프리카	남아프리카	말라위	2
아프리카	남아프리카	모리셔스	2
아프리카	남아프리카	모잠비크	2
아프리카	남아프리카	보츠와나	1

수업 길잡이

난이도 ★★★★☆

예제파일 Chapter17₩세계문화유산분석.cell

학습기능 SUM 함수, AVERAGE 함수, MAX 함수, MIN 함수

🔍 **이 학습과 예제를 통해** 아시아, 아메리카, 아프리카, 유럽 대륙별로 정리되어 있는 자료에서 범위 지정 후 SUM 함수 클릭 한번으로 가로 세로 합을 쉽게 계산할 수 있어요. 합계뿐 만 아니라 평균, 최대, 최솟값 계산 함수를 사용할 수도 있어요. 연속된 범위는 단축키 이용으로 빠르게 지정할 수 있어요.

SUM(총합) 함수 실행하기

1 예제파일을 열고 [세계문화유산(1~10위)] 워크시트를 선택하고 [C7:K17] 셀을 범위 지정한 뒤 [수식] 탭-[합계](∑)를 클릭합니다.

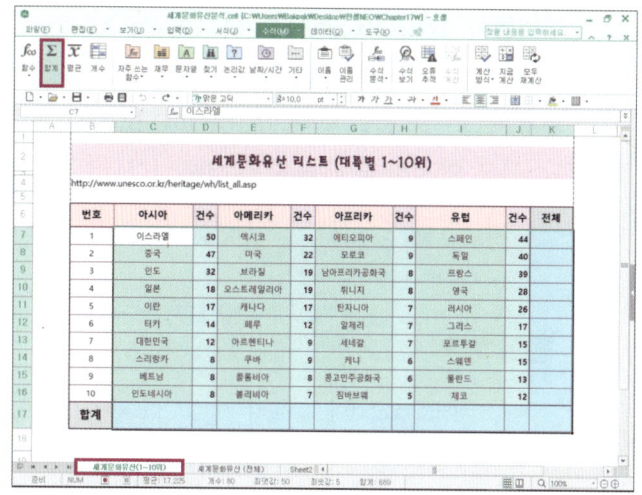

2 숫자가 없는 범위의 오른쪽 끝 [K7:K17], 아래 끝에 [C17:J17] 셀에 SUM 함수가 실행됩니다. [K7] 셀을 더블클릭하면 범위 설정된 영역이 파란색으로 표시되고 함수식 '=SUM(C7:J7)'이 표시됩니다.

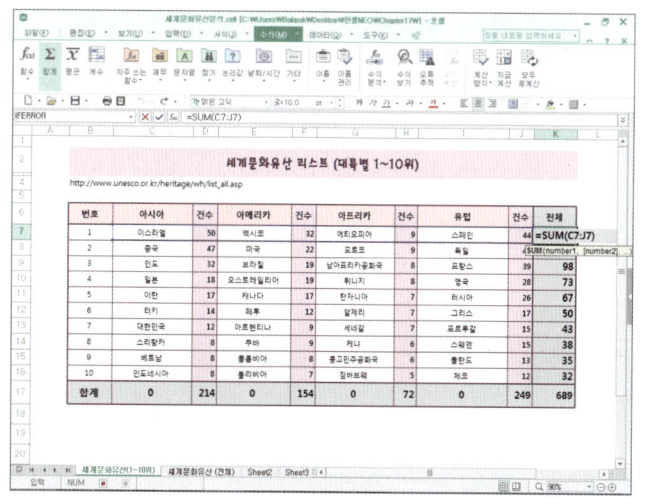

3 [세계문화유산(전체)] 워크시트의 [I3] 셀을 클릭하고 [수식] 탭-[합계](∑)를 클릭합니다. [E9] 셀을 클릭하고 [범위 확장] 단축키 Ctrl + Shift + ↓ 를 누르면 '=SUM(E9:E50)' 함수식이 완성됩니다. Enter 를 누르면 아시아 지역의 세계문화유산 총 건수 '317'이 계산됩니다.

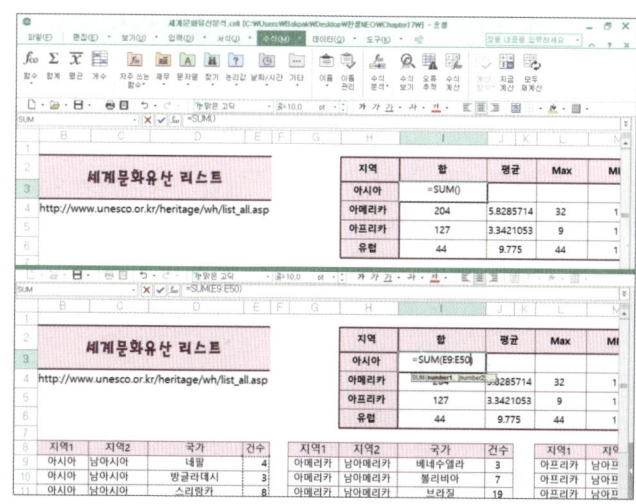

AVERAGE(평균)·MAX(최댓값)·MIN(최솟값) 함수 실행하기

1 [J3] 셀을 클릭하고 [수식] 탭-[평균]($\overline{x}$)을 클릭합니다. [E9] 셀을 클릭한 뒤 **Ctrl** + **Shift** + **↓** 를 눌러 '=AVERAGE(E9:E50)' 함수식을 완성한 뒤 **Enter** 를 누릅니다.

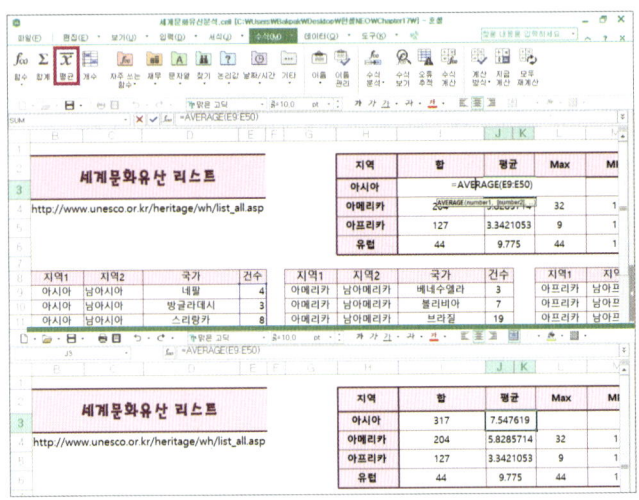

TiP

• AVERAGE(E5:E50) 함수 원리
=SUM(E5:E50)/Count(E5:E50)

2 [L3] 셀을 클릭하고 [수식] 탭-[함수](f_{∞})를 클릭하여 [최댓값(M)]을 선택합니다. [E9] 셀을 클릭한 뒤 **Ctrl** + **Shift** + **↓** 를 눌러 '=MAX(E9:E50)' 함수식을 완성합니다. **Enter** 를 누르면 [E9:E50] 셀 범위 중 가장 큰 숫자 값 '50'이 표시됩니다.

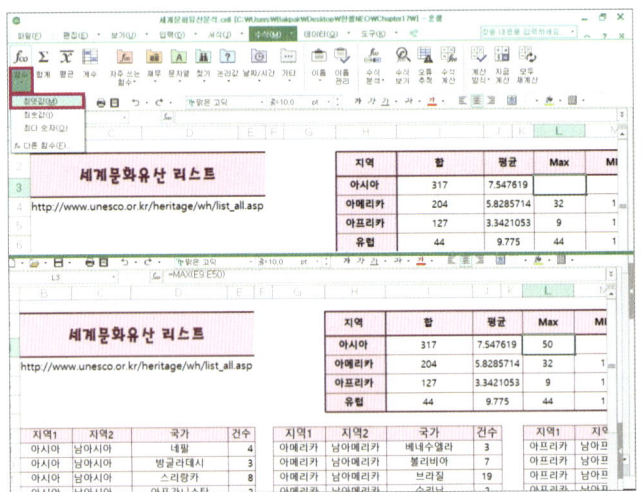

3 [M3] 셀을 클릭하고 [수식] 탭-[함수](f_{∞})를 클릭하여 [최솟값(I)]을 선택하고 [E9] 셀을 클릭한 뒤 **Ctrl** + **Shift** + **↓** 를 눌러 'MIN(E9:E50)' 함수식을 완성됩니다. **Enter** 를 누르면 [E9:E50] 셀 범위 중 가장 작은 숫자 값 '1'이 표시됩니다.

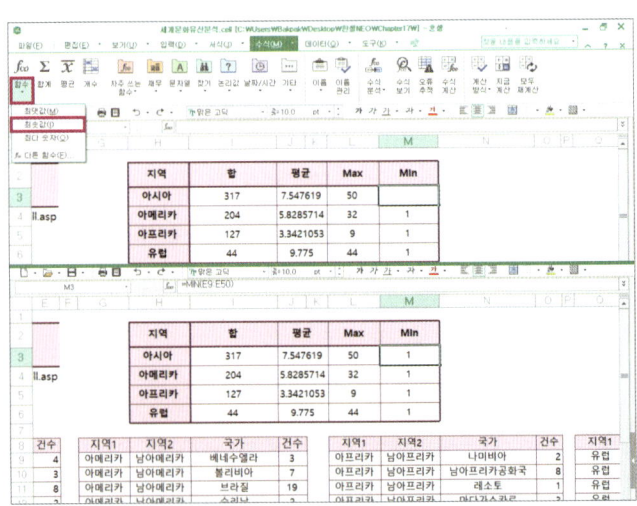

연습문제 풀어보기!

1 국가별 노벨상 수상횟수가 기록된 자료에서 [K6:K17], [E17:J17] 셀 범위에 국가별 항목별 총합을 한 번 클릭으로 계산해 봅니다.

① [K6] 셀 계산식 : =SUM(E6:J6) ② [E17] 셀 계산식 : =SUM(E6:E16)

예제파일 Chapter17\연습문제1_시작.cell

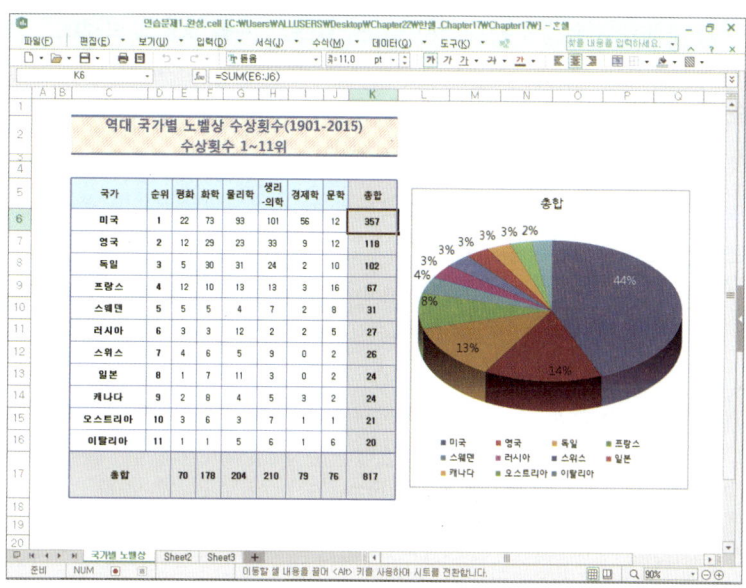

2 국가별 인구 순위 자료에서 29개 국가의 총 인구수로 총합, 평균, 최댓값, 최솟값을 계산해 봅니다.

① [E33] 셀 : 29개국 중 인구 총합 ② [E34] 셀 : 29개국 중 인구 평균
③ [E35] 셀 : 29개국 중 최대 인구수 ④ [E36] 셀 : 29개국 중 최소 인구수

예제파일 Chapter17\연습문제2_시작.cell

Chapter 18

우리나라의 세계문화유산은 무엇이 있을까?

우리나라의 세계문화유산은 무엇이 있을까요? 세계문화유산 자료의 등재년도를 이용하여 등재년수를 계산해 봅니다. 기준일에 따라 년수 계산을 하기가 너무 번거롭다고요? 한셀의 날짜 관련 함수를 이용하여서 년 수와 개월 수를 쉽게 구할 수 있어요. 년, 월, 일 함수를 활용해 보세요.

무엇을 배우나요?

★ 날짜 사이의 일수를 계산할 수 있게 날짜 데이터 입력과 계산식을 작성하는 기능을 학습합니다.

★ 두 날짜 사이의 년 수를 계산하는 YEAR 함수 기능을 학습합니다.

★ 계산식을 복사하거나 이동하여도 번지 값이 변하지 않는 절대 참조 기능을 학습합니다.

★ 날짜로 된 자료를 숫자로 표시하는 기능을 학습합니다.

★ 두 날짜 사이의 개월 수를 계산하는 DATEIF 함수 기능을 학습합니다.

완성화면 미리보기

세계문화유산(대한민국) 출처:http://heritage.unesco.or.kr/	

대한민국정부수립선포일	1948-08-15
기준일	2016-10-20

기준일 -대한민국 수립선포일	일수	24,903
	년수(나이)	68
	개월수	818

번호	명칭	구분	구분	등재년도	년수 (기준일-지정년도)	비고
1	석굴암과 불국사	세계문화유산	문화	1995	21	
2	종묘	세계문화유산	문화	1995	21	
3	해인사 장경판전	세계문화유산	문화	1995	21	
4	창덕궁	세계문화유산	문화	1997	19	
5	화성	세계문화유산	문화	1997	19	
6	경주 역사 지구	세계문화유산	문화	2000	16	
7	고창, 화순, 강화의 고인돌	세계문화유산	문화	2000	16	
8	제주 화산섬과 용암 동굴	세계문화유산	자연	2007	9	

수업 길잡이

난이도 ★★★★☆

예제파일 Chapter18₩우리나라 문화유산.cell

학습기능 계산식 작성, $번지 변환, YEAR 함수, 날짜 셀 서식 변환, DATEIF 함수

🔍 **이 학습과 예제를 통해** 날짜로 입력된 자료의 년, 월, 일을 분리하여 년 수, 개월 수, 일 수를 계산할 수 있어요. 숫자 결과를 날짜 또는 숫자로 변경하여 표시할 수도 있고 $를 이용하여 여러 셀에서 한 셀의 내용만 여러 번 참조할 수도 있어요.

1 예제파일을 열고 [E5] 셀에 '1948-8-15'를 입력하고 Enter 를 누릅니다.

🚩 TIP

입력 방법
① 날짜 입력 : 년-월-일 또는 년/월/일
② 시간 입력 : 시:분:초
③ 숫자, 날짜, 시간을 문자로 입력 : 작은따옴표(')를 맨 앞에 붙이고 입력
④ 컴퓨터 시스템 날짜 입력(매일 변함) : =TODAY()
⑤ 컴퓨터 시스템 날짜 입력(변하지 않음) : Ctrl + i

2 [E7] 셀에 [E5] 셀의 정부수립선포일에서 [E6] 셀의 기준일까지 얼마나 지났는지를 계산하는 식 '=E6-E5'를 입력하고 Enter 를 누릅니다.

3 한셀에서는 숫자 1과 1900-1-1이 같은 값입니다. 계산 결과가 '1968-03-06'의 날짜 셀 서식으로 나타납니다. [서식] 탭-[쉼표 셀 서식](,)을 클릭하여 '24,903'의 값으로 표현합니다.

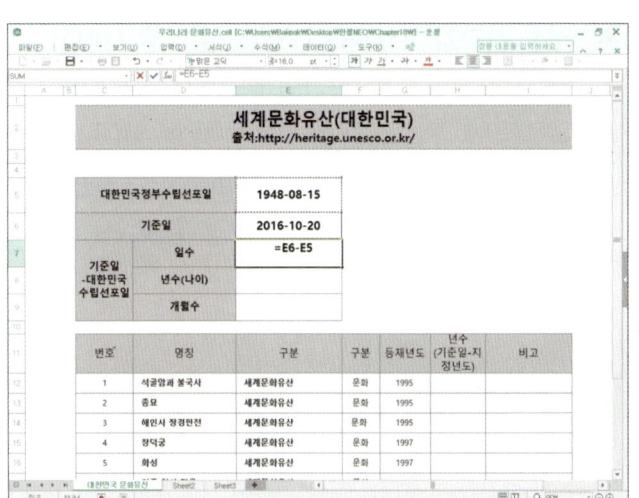

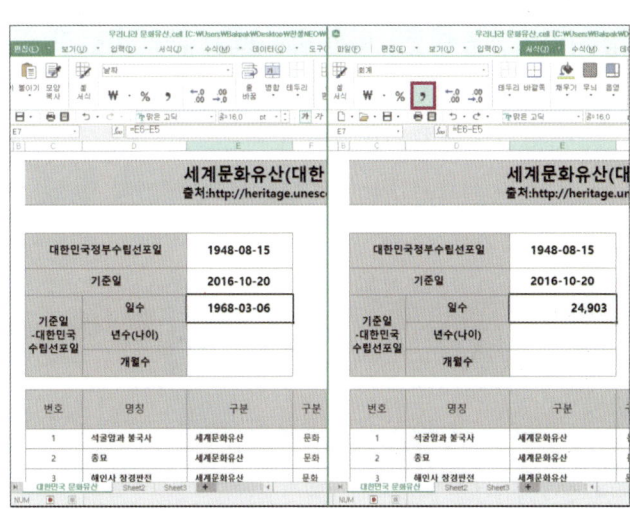

년 수(나이) · 개월 수 계산하기

1 [E8] 셀을 클릭하고 [수식] 탭-[날짜/시간] ( )-[YEAR] 함수를 선택합니다. [함수 인수] 대화상자의 [YEAR]-[serial_number] 입력란에 커서를 두고 [E6] 셀을 클릭하여 '=YEAR(E6)'를 만든 후 [확인]을 클릭합니다.

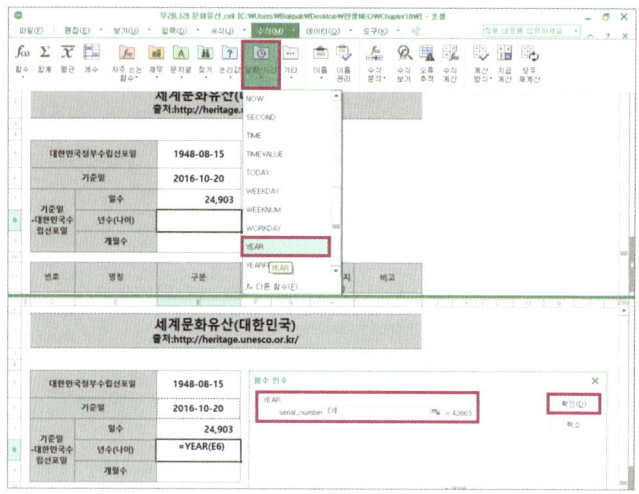

2 계산 결과가 '1995-07-08'의 날짜 셀 서식으로 나타납니다. [서식] 탭-[쉼표 셀 서식](,)을 클릭하여 [E6] 셀의 기준일 '2016-10-20'에서 '2016'의 년도만 표현합니다.

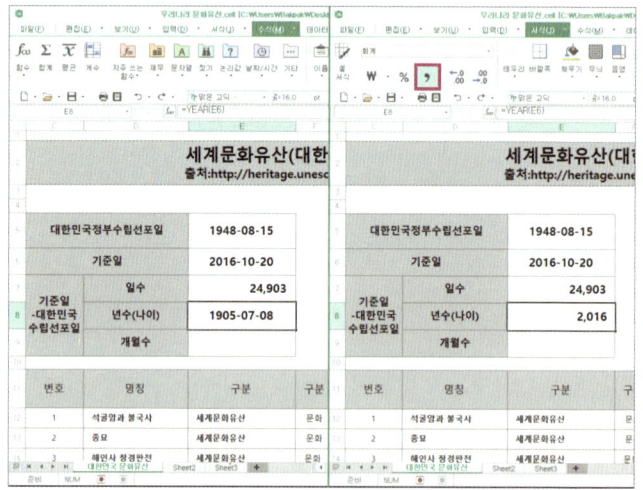

3 [E8] 셀을 더블클릭하거나 F2 를 눌러서 편집 창으로 변경한 뒤 '대한민국정부수립선포일'에서 '기준일'까지 몇 년이 지났는지를 계산하는 함수식으로 변경합니다.

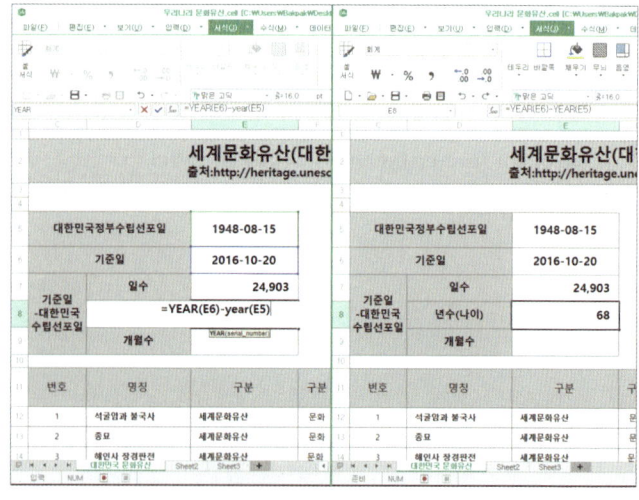

TiP

[E8] 셀 계산식 : =YEAR(E6)-YEAR(E5) → 결과 : 68

4 [H12] 셀을 클릭하고 '=YEAR(' 입력 후 [E6] 셀을 클릭한 뒤 `F4`를 눌러 '=YEAR($E$6)'으로 절대 참조로 변경합니다.

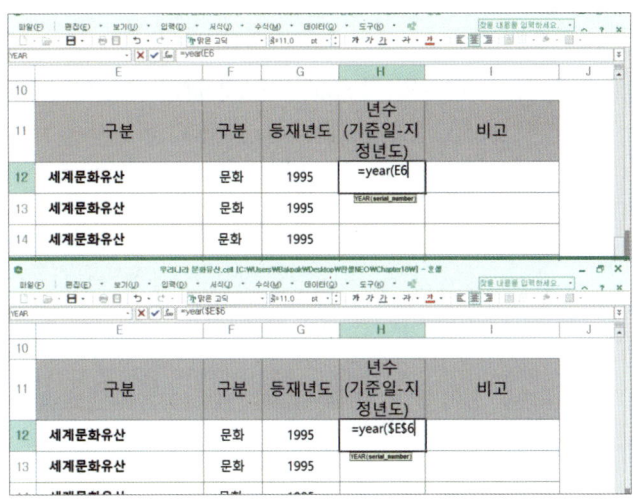

5 [H12] 셀의 계산식을 다음과 같이 완성한 뒤 채우기 핸들을 더블클릭하여 [H23] 셀까지 계산식을 완성합니다.

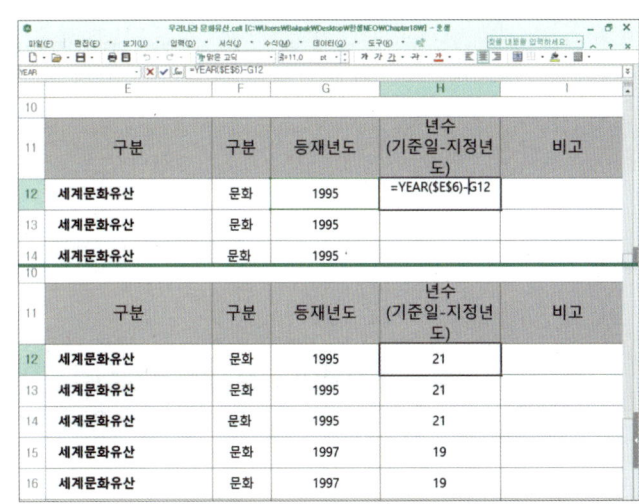

🚩 **TIP**

① [H12] 셀 계산식 : =YEAR($E$6)-G12 → 결과 : 21
② [H23] 셀 계산식 : =YEAR($E$6)-G23 → 결과 : 1

6 [E9] 셀을 클릭하고 [수식] 탭-[날짜/시간] (🔲)를 클릭하여 [DATEIF] 함수를 선택합니다. 함수식을 다음과 같이 완성한 뒤 [확인]을 클릭하면 '정부수립선포일'이 기준일에서 818 개월이 지났음을 계산하여 표시합니다.

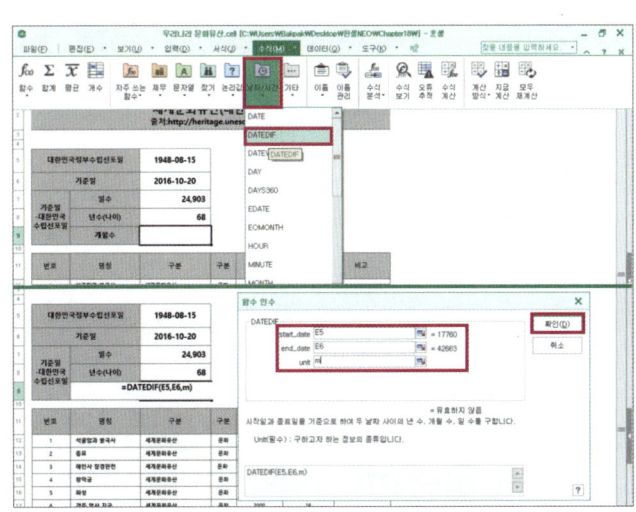

💡 **DATEIF 함수 인수 설정 값**

① Start_date : E5 ② End_date : E6 ③ Unit : m

 연습문제 풀어보기!

1 자료의 각 셀에 다음과 같이 계산식을 작성해 봅니다.

① [D5] 셀 : '2016-5-6' 입력 ② [D6] 셀 : 현재날짜-초등학교입학일
③ [G10:G16] 셀 : 현재날짜-생년월일 ④ [H10:H16] 셀 : 년도(현재날짜)-년도(생년월일)

예제파일 Chapter18₩연습문제1_시작.cell

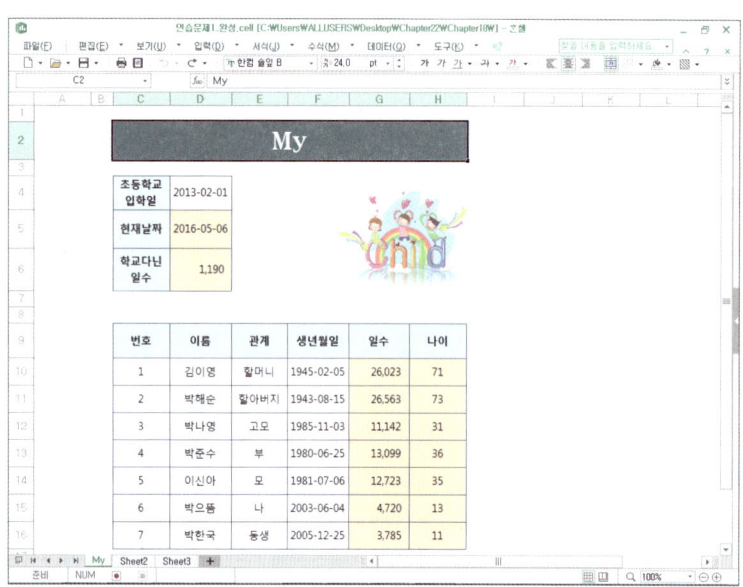

2 텃밭관리 자료의 심은 날짜 [E6:E11] 셀 범위에서 종료 날짜 [G6:G11] 셀 범위까지 몇 개월 지났는지를 DATEIF 함수를 이용하여 [H6:H11] 셀 범위에 계산해 봅니다.

예제파일 Chapter18₩연습문제2_시작.cell

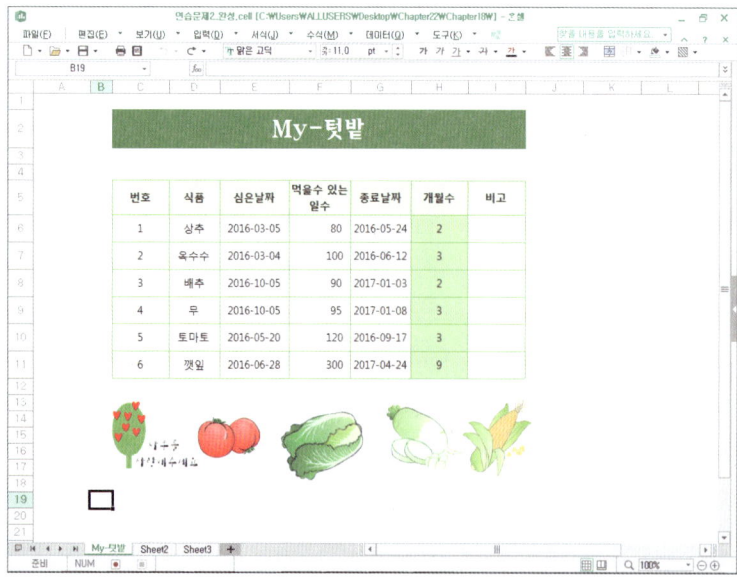

Chapter 19

하계올림픽의 대륙별 메달 개수를 분석해 볼까?

하계올림픽의 대륙별 메달 개수는 몇 개나 될까? 이러한 궁금증을 풀기 위해 하계올림픽의 나라별 메달 개수를 대륙별로 집계내 순위를 구해 봅니다. 수많은 자료를 일일이 분류하고 순위를 매기기가 너무 힘들었다면 통계 함수와 RANK 함수를 이용하여 자동 계산식을 작성해 보세요.

무엇을 배우나요?

★ 데이터 셀의 개수를 세어주는 COUNTA 함수 기능을 학습합니다.

★ 조건에 해당하는 셀의 개수만 세어주는 COUNTIF 함수 기능을 학습합니다.

★ 조건에 해당하는 셀의 데이터 값을 합해주는 SUMIF 함수 기능을 학습합니다.

★ 범위 중 숫자 값이 가장 큰 값부터 순위를 계산하는 RANK 함수 기능을 학습합니다.

완성화면 미리보기

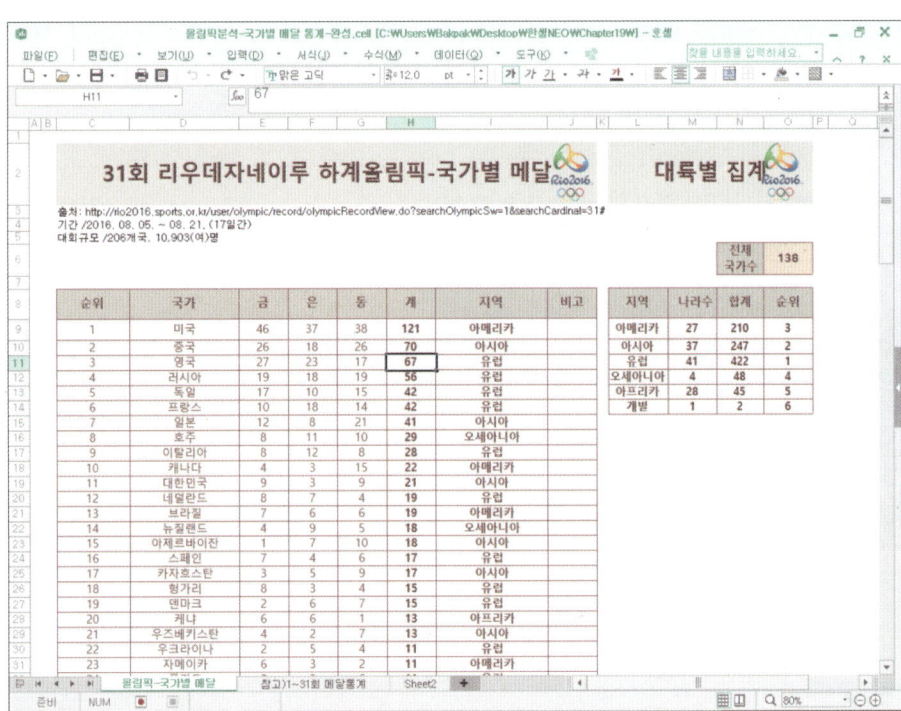

수업 길잡이

난이도 ★★★★☆

예제파일 Chapter19\올림픽분석-국가별 메달 통계.cell

학습기능 COUNTA 함수, COUNTIF 함수, SUMIF 함수, RANK 함수

🔍 **이 학습과 예제를 통해** 문자가 있는 셀의 개수를 함수를 이용해 구할 수 있어요. 조건에 맞는 셀의 개수를 계산하는 COUNTA, COUNTIF, SUMIF, RANK 함수식을 작성할 수 있어요.

COUNTA · COUNTIF 함수 실행하기

1 예제파일을 열고 [O6] 셀을 클릭하고 [수식] 탭–[기타]( )를 클릭하여 [통계]–[COUNTA] 함수를 선택합니다.

2 [함수 인수] 대화상자의 [COUNTA]–[value1] 입력란에 커서를 두고 [D9] 셀을 클릭한 뒤 `Ctrl`+`Shift`+`↓`를 눌러 범위 지정한 뒤 [확인]을 클릭합니다.

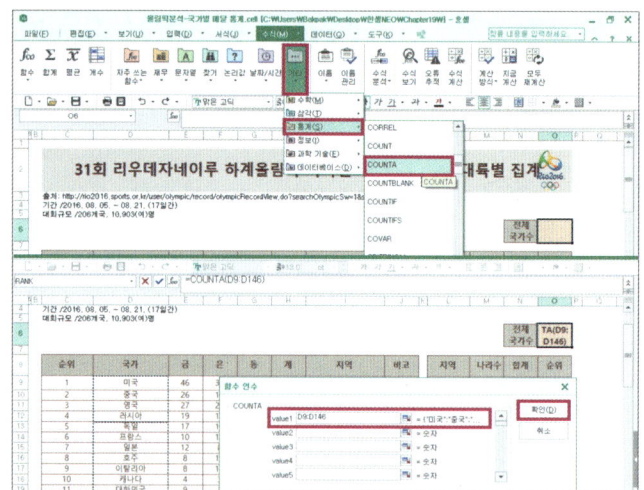

> **TIP**
>
> [O6] 셀 계산식 : =COUNTA(D9:D146)

3 [L8] 셀을 클릭한 뒤 [L8:L146] 범위 지정한 뒤 [데이터] 탭–[중복된 항목 제거]( )를 클릭합니다. 창이 나타나면 [확장 안 함]을 클릭하고 [중복된 항목 제거] 대화상자에서 [실행]을 클릭합니다.

> **TIP**
>
> [L8:L146] 셀에 텍스트가 중복 없이 한번씩만 표시됩니다.

4 [M9] 셀을 클릭하고 [수식] 탭–[기타]( )를 클릭하여 [통계]–[COUNTIF] 함수를 선택합니다. 다음 과 같이 함수식을 완성한 뒤 [확인]을 클릭합니다.

> **COUNTIF 함수 인수 설정 값** ·······
> ① range(범위) : $I$9:$I$146 ② criteria(조건) : L9

5 [M9]의 계산식을 완성한 뒤 채우기 핸들을 더블클릭하여 [M14] 셀까지 계산식을 완성합니다.

>  **TIP**
>
> ① [M9] 셀 계산식 : =COUNTIF($I$9:$I$146,L9) → 결과 : 27
> ② [M14] 셀 계산식 : =COUNTIF($I$9:$I$146,L14) → 결과 : 1

1 [N9] 셀을 클릭하고 [수식] 탭-[기타](□)를 클릭하여 [수학]-[SUMIF] 함수를 선택한 후 다음과 같이 함수식을 완성한 뒤 [확인]을 클릭합니다.

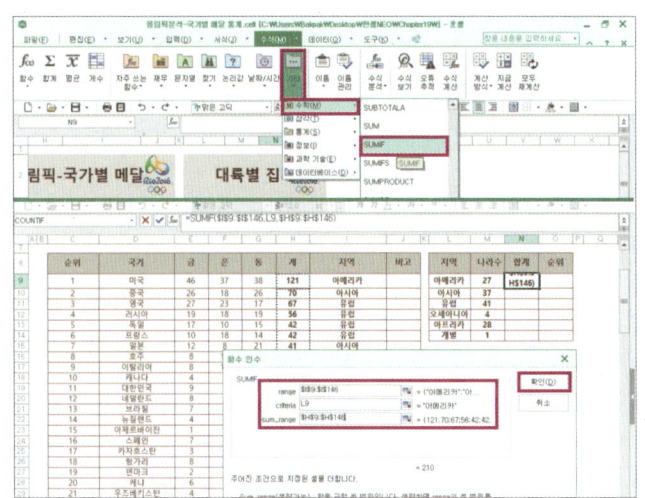

> **SUMTIF 함수 인수 설정 값**
> ① range(범위) : $I$9:$I$146 ② criteria(조건) : L9
> ③ SUM_range(합계 낼 숫자 범위) : $H$9:$H$146

2 [M9]의 계산식을 완성한 뒤 채우기 핸들을 더블클릭하여 [N14] 셀까지 계산식을 완성합니다.

TIP
> ① [N9] 셀 계산식 : =SUMIF($I$9:$I$146,L9,$H$9:$H$146) → 결과 : 210
> ② [N14] 셀 계산식 : =SUMIF($I$9:$I$146,L14,$H$9:$H$146) → 결과 : 2

3 [O9] 셀을 클릭하고 [수식] 탭-[함수](ƒ□)를 클릭하여 [다른 함수]를 선택합니다. [함수 마법사] 대화 상자의 [함수 분류]-[전체 함수 목록]을 선택하고 [함수 이름]-[RANK]를 선택하여 [확인]을 클릭합니다.

4 가장 많은 메달 개수를 갖고 있는 대륙 순으로 계산되는 RANK 함수식을 다음과 같이 완성한 뒤 [확인]을 클릭합니다.

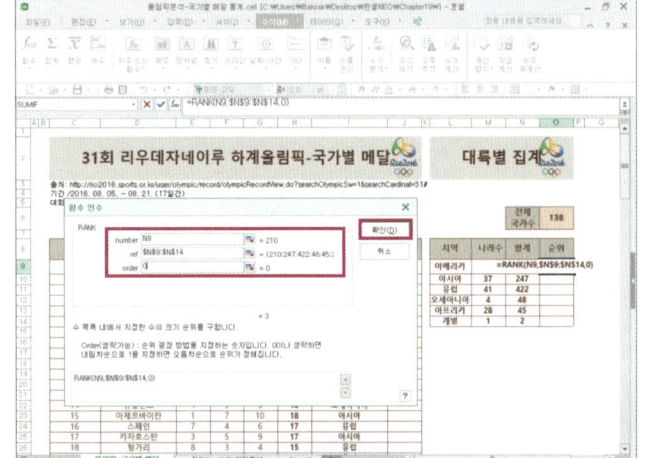

> **RANK 함수 인수설정 값**
> ① number(등수 구하는 셀) : N9 ② ref(등수 비교할 범위) : $N$9:$N$14 ③ order(내림차순/오름차순 옵션) : 0

5 [O9] 셀의 계산식을 완성한 뒤 채우기 핸들을 더블클릭하여 [O14] 셀까지 계산식을 완성합니다.

TIP
> ① [O9] 셀 계산식 : =RANK(N9,$N$9:$N$14,0) → 결과 : 3
> ② [O14] 셀 계산식 : =RANK(N14,$N$9:$N$14,0) → 결과 : 6

연습문제 풀어보기!

1 방과후 강의 참석 일수 자료의 각 셀에 다음과 같이 계산식을 작성해 봅니다.

① [E27] 셀 : [E5:E26] 셀의 입력 값 중 "○"표시 개수 계산 ② [F27] 셀 : [F5:F26] 셀의 입력 값 중 "○" 표시 개수 계산 ③ [G27] 셀 : [G5:G26] 셀의 입력 값 중 "○"표시 개수 계산

`예제파일` Chapter19₩연습문제1_시작.cell

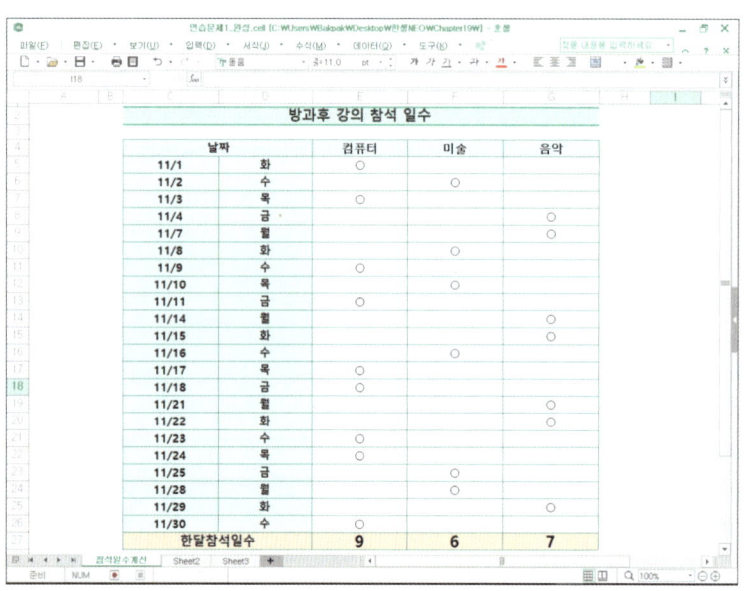

2 칼로리표에서 각 종류별 섭취 칼로리 총합을 구하고 전체 칼로리의 몇 %에 해당하는지 계산식을 작성해 봅니다.

① [I4:I93] 셀 : 중복된 항목 제거 ② [J5:J9] 셀 : [B5:B93] 셀의 입력 값 중 [I5:I9] 셀 범위 조건에 해당하는 총 열량의 합 ③ [K5:K9] 셀 : [J5:J9] 셀의 [J10] 셀의 총합에 대한 포함 비율

대한민국의 동계올림픽 강세종목을 분석해 볼까?

동계올림픽에서 대한민국이 메달을 딸 가능성이 높은, 강세 종목이 무엇일까? 동계올림픽 3회의 종목별 메달 개수를 집계해 강세 종목을 분석해 봅니다. 분석 항목을 재편집하는데 많은 시간이 걸리지 않아요. LEFT, MID, RIGHT 등의 텍스트 함수를 활용하면 필요한 위치만큼 잘라내어 계산할 수 있어요.

무엇을 배우나요?

★ 왼쪽에서 지정한 개수만큼 잘라낼 수 있는 LEFT 함수 기능을 학습합니다.

★ 지정한 위치부터 원하는 개수만큼 잘라낼 수 있는 MID 함수 기능을 학습합니다.

★ 오른쪽에서 지정한 개수만큼 잘라낼 수 있는 RIGHT 함수 기능을 학습합니다.

★ 입력된 숫자만큼 글자를 반복 표시하는 REPT 함수 기능을 학습합니다.

완성화면 미리보기

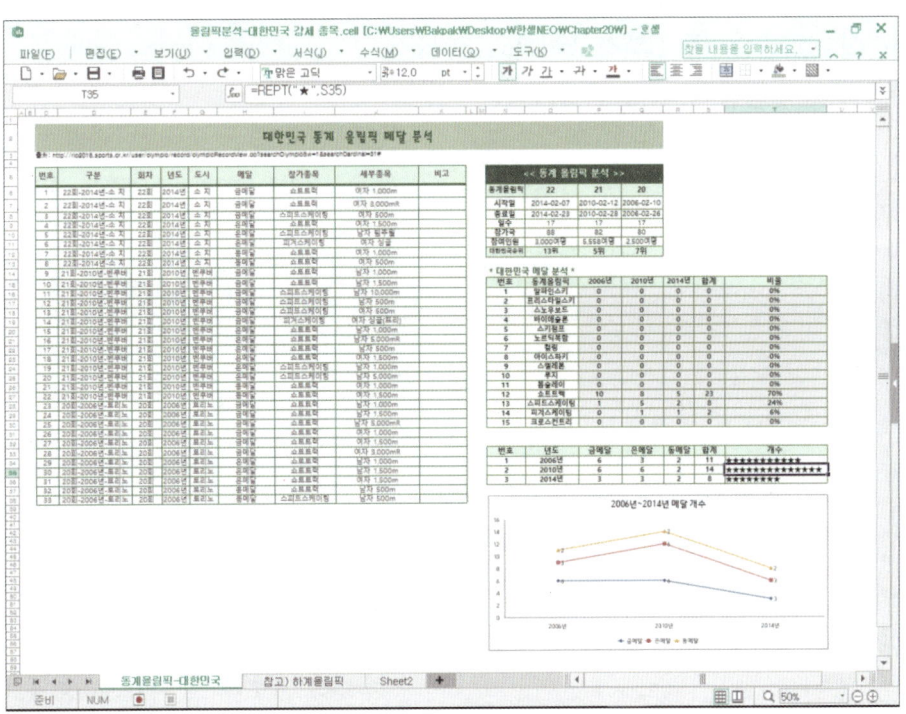

수업 길잡이

난이도	★★★★★
예제파일	Chapter20₩올림픽분석–대한민국 강세 종목.cell
학습기능	LEFT 함수, MID 함수, RIGHT 함수, REPT 함수

🔍 **이 학습과 예제를 통해** 텍스트 함수를 이용할 수 있어요. 규칙이 있는 자료에서 위치만큼 글자를 분리하여 셀에 나누어 표시할 수 있어요. 반복하는 글자는 REPT 함수를 사용해 한꺼번에 표시할 수도 있어요.

1 예제파일을 열고 [E6] 셀을 클릭하고 [수식] 탭-[문자열](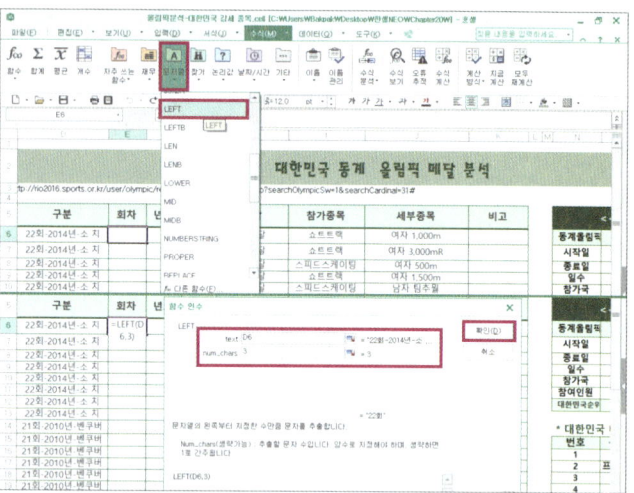)을 클릭하여 [LEFT] 함수를 선택하고 다음과 같이 함수식을 완성한 뒤 [확인]을 클릭합니다.

LEFT 함수 인수 설정 값

① text(텍스트 입력된 셀) : D6
② num_chars(왼쪽부터 자를 개수) : 3

TiP

[E6] 셀 계산식 : =LEFT(D6,3) → 결과 : 22회

2 [F6] 셀을 클릭하고 [수식] 탭-[문자열](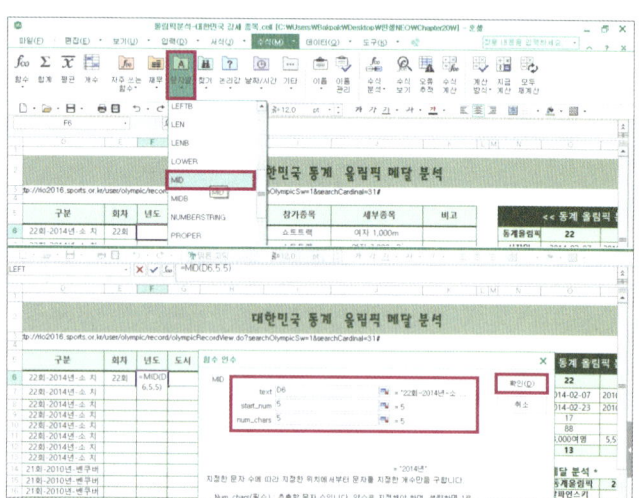)을 클릭하여 [MID] 함수를 선택하고 다음과 같이 함수식을 완성한 뒤 [확인]을 클릭합니다.

MID 함수 인수 설정 값

① text(텍스트 입력된 셀) : D6
② start_num(자르기 시작할 시작 위치) : 5
③ end_num(잘라낼 글자 개수) : 5

TiP

[F6] 셀 계산식 : =MID(D6,5,5) → 결과 : 2014년

3 [G6] 셀을 클릭하고 [수식] 탭-[문자열](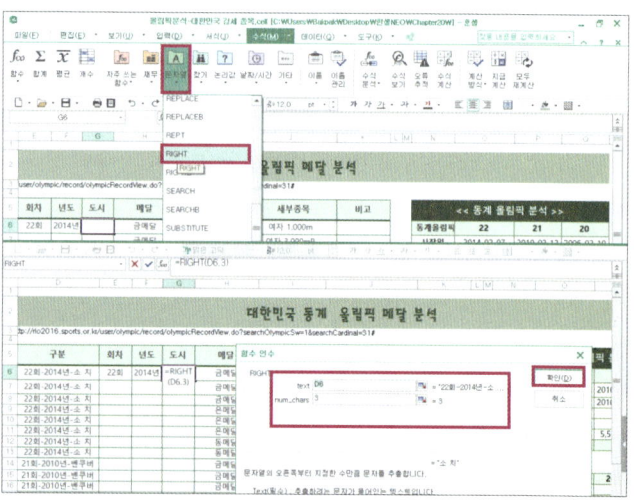)을 클릭하여 [RIGHT] 함수를 선택하고 다음과 같이 함수식을 완성한 뒤 [확인]을 클릭합니다.

RIGHT 함수 인수 설정 값

① text(텍스트 입력된 셀) : D6
② num_chars(오른쪽부터 자를 개수) : 3

TiP

[G6] 셀 계산식 : =RIGHT(D6,3) → 결과 : 소 치

4 [E6:G6] 셀을 범위 지정한 뒤 채우기 핸들을 더블클릭하여 [E6:G38] 셀까지 글자를 잘라서 '회차', '년도', '도시'로 분리합니다.

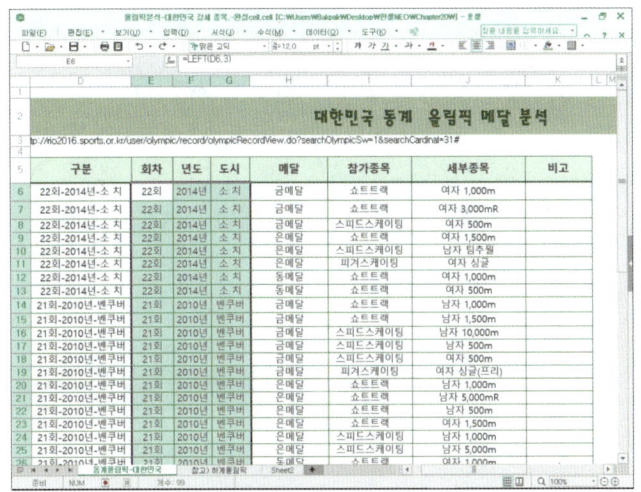

5 [P34:S36] 셀 범위에 대한민국 동계올림픽 메달 획득 항목이 2006, 2010, 2014년도별로 집계 계산됩니다.

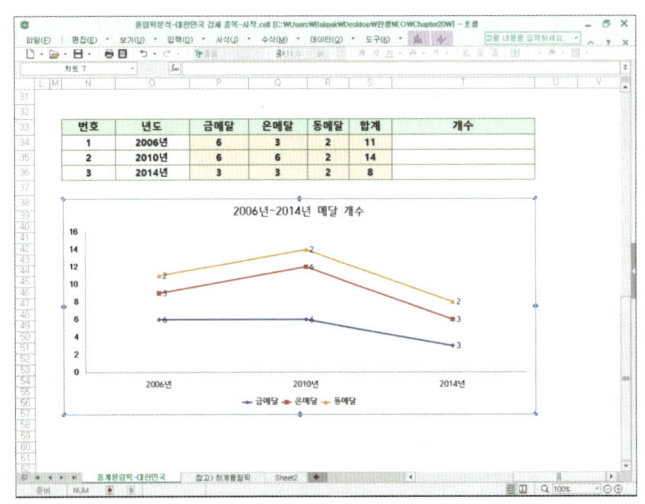

6 [T34] 셀에 '=REPT("★",S34)' 계산식을 입력하고 [T36] 셀까지 함수식을 완성합니다. [S34] 셀의 2006년 금메달+은메달+동메달의 합계인 메달 11개가 '★'로 표시됩니다.

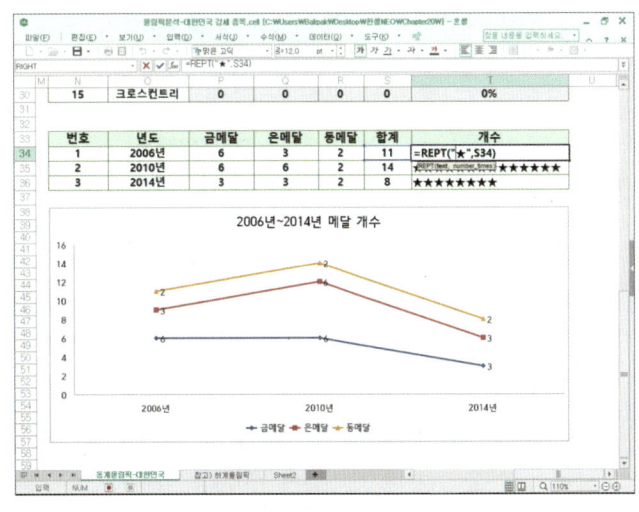

1 생년월일이 작성되어 있는 [F6:F12] 셀 범위를 LEFT, MID, RIGHT 함수식으로 다음과 같이 분리해 봅니다.

① [G6:G12] 셀 : 년도 ② [H6:H12] 셀 : 월 ③ [I6:I12] 셀 : 일

`예제파일` Chapter20₩연습문제1_시작.cell

2 학년별 권장도서 개수를 집계한 [C4:C9] 셀 범위의 개수를 [D4:D9] 셀 범위에 '■'로 표시할 수 있도록 REPT 함수식을 작성해 봅니다.

`예제파일` Chapter20₩연습문제2_시작.cell

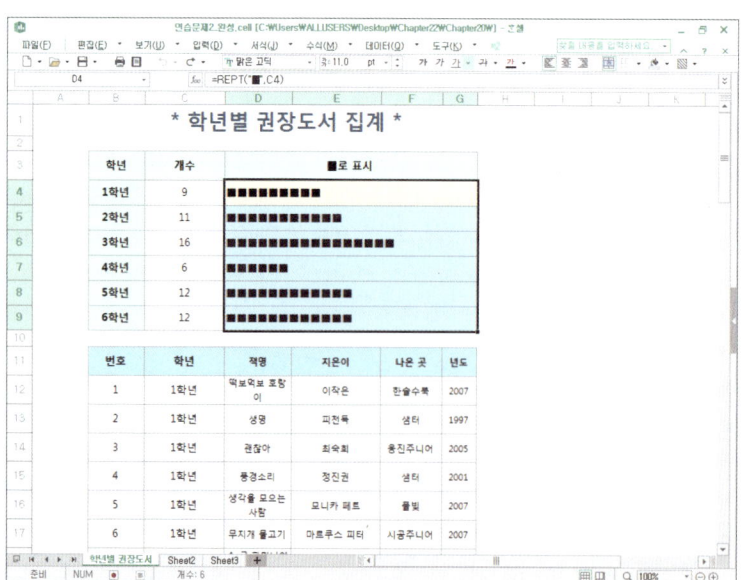

월드컵 황당 기록을 분석해 볼까?

월드컵에서의 황당한 기록을 알아보고 기록 자료의 월드컵년도를 이용하여 본선, 예선 여부와 월드컵 대회명을 기록하여 분석해 봅니다. 표를 보면서 일일이 복사하고 붙여넣기가 번거롭다면 한셀의 찾기/참조 함수를 이용하는 방법이 있어요. 쉽게 조건을 찾아 자료를 가져올 수 있어요.

무엇을 배우나요?

★ 조건에 따라 결과를 다르게 표시하는 논리값 IF 함수 기능을 학습합니다.

★ 같은 글자를 찾아 자료를 가져오는 찾기 VLOOKUP 함수 기능을 학습합니다.

★ #N/A 에러 표시를 없애주는 IFERROR 함수 기능을 학습합니다.

완성화면 미리보기

수업 길잡이

난이도 ★★★★★

예제파일 Chapter21₩월드컵황당기록.cell

학습기능 IF 함수, VLOOKUP 함수, IFERROR 함수

🔍 **이 학습과 예제를 통해** 년도가 기록된 자료, 우승횟수가 4회 이상인 자료 등 조건에 맞는 자료를 내 마음대로 지정하여 계산되게 할 수 있어요. 같은 항목끼리 찾아서 자료를 자동 연결하여 기초 자료를 빠른 시간 안에 정리할 수 있어요.

IF 함수 실행하기

1 예제파일을 열고 [D5:D26] 셀 범위의 월드컵 년도가 있으면 '본선', 없으면 '예선'으로 표시하기 위하여 [E5] 셀을 클릭하고 [수식] 탭-[논리 값]([?])을 클릭하여 [IF] 함수를 선택합니다.

2 [E5] 셀에 함수식을 다음과 같이 완성한 뒤 [확인]을 클릭합니다.

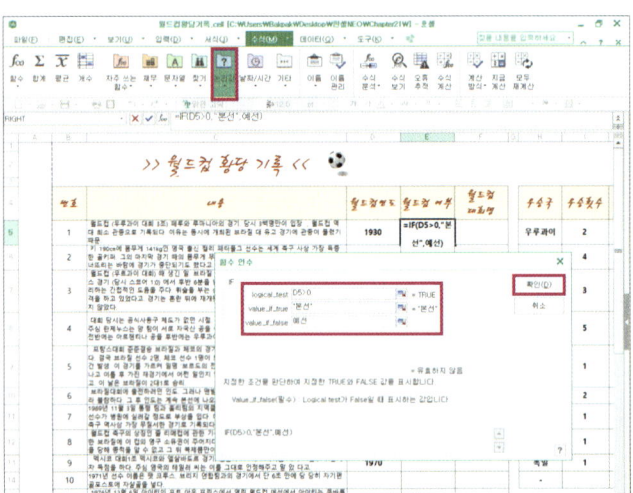

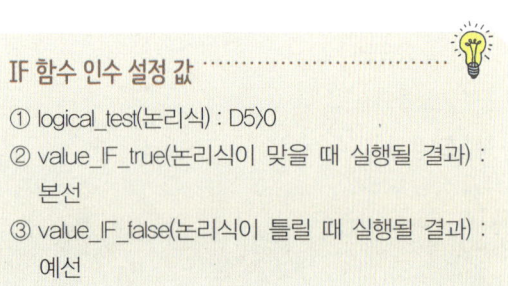

IF 함수 인수 설정 값

① logical_test(논리식) : D5>0

② value_IF_true(논리식이 맞을 때 실행될 결과) :
   본선

③ value_IF_false(논리식이 틀릴 때 실행될 결과) :
   예선

TIP

① Logial_test 식 : 〉(초과), 〉= (이상), 〈 (미만), 〈= (이하), = (같다), 〈〉 (다르다)

② [E5] 셀 계산식 : =IF(D5>0,"본선","예선") → 결과 : 본선

3 [D5:D26] 셀 범위에 비어 있는 셀이 있으므로 [E5] 셀의 채우기 핸들을 [E26] 셀까지 드래그하여 함수식을 완성합니다.

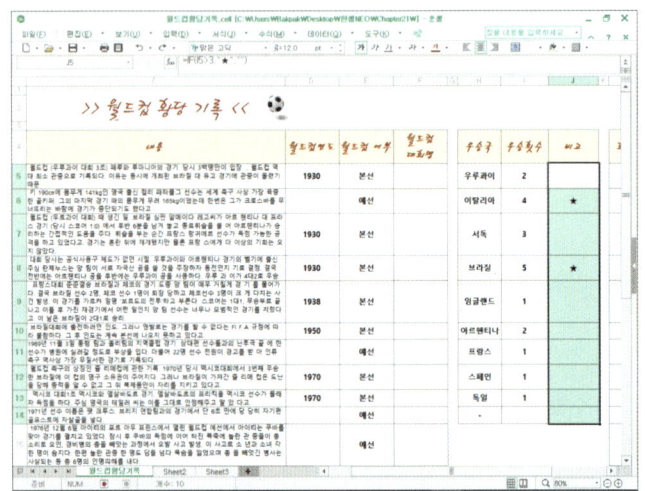

4 [J5] 셀에 함수식을 직접 입력하여 우승횟수가 4회 이상인 국가만 '★'로 표시하는 IF 함수를 완성한 뒤 [J14] 셀까지 채우기 핸들을 더블클릭하여 함수식을 작성합니다.

TIP

[J5] 셀 계산식 : =IF(I5>3,"★"," ") → 결과 : 빈 셀

VLOOKUP·IFERROR 함수 실행하기

1 월드컵 대회명을 찾기 위해 [F5] 셀을 클릭하고 [수식] 탭-[찾기]()를 클릭하여 [VLOOKUP]을 선택하고 다음과 같이 함수식을 완성한 뒤 [확인]을 클릭합니다.

> **VLOOKUP 함수 인수 설정 값**
>
> ① lookup_value(찾을 값) : D5
> ② table_arrary(찾을 범위) : $M$5:$N$26
> ③ col_index_num(열 번호) : 2
> ④ range_lookup(옵션) : 0 또는 false

2 [F5] 셀의 계산식을 완성한 뒤 채우기 핸들을 더블클릭하여 [F26] 셀까지 계산식을 완성합니다.

> **TiP**
>
> ① [F5] 셀 계산식 : =VLOOKUP(D5,$M$5:$N$26,2,0) → 결과 : 우루과이
> ② [F6] 셀 계산식 : =VLOOKUP(D6,$M$5:$N$26,2,0) → 결과 : #N/A

3 본선 자료는 월드컵 대회명이 표시되지만 예선 자료는 월드컵 대회명이 없으므로 #N/A의 값 없음 에러가 표시됩니다. [F5] 셀의 계산식에 IFERROR 함수식을 추가하여 에러 표시를 빈 셀로 표시해 완성합니다.

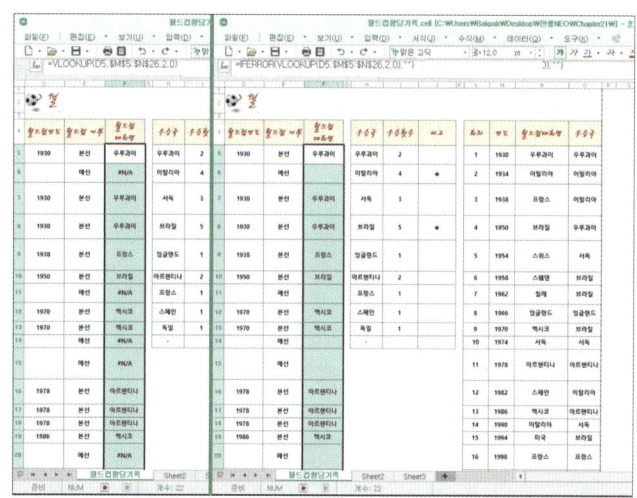

> **TiP**
>
> ① [F5] 셀 계산식 : =IFERROR(VLOOKUP(D5,$M$5:$N$26,2,0),"") → 결과 : 우루과이
> ② [F6] 셀 계산식 : =IFERROR(VLOOKUP(D6,$M$5:$N$26,2,0),"") → 결과 : 빈 셀

연습문제 풀어보기!

1 2016년 8월 서울 날씨 자료에 IF 함수를 이용하여 다음과 같이 자료를 분류해 봅니다.

① [F6:F36] 셀 : [E6:E36] 셀의 평균기온이 24도 이상인 자료는 '더움', 24도 미만은 '보통' 표시
② [J6:J36] 셀 : [I6:I36] 셀의 일 강수량이 2mm 이상인 자료는 '●', 그 외는 빈 셀

예제파일 Chapter21₩연습문제1_시작.cell

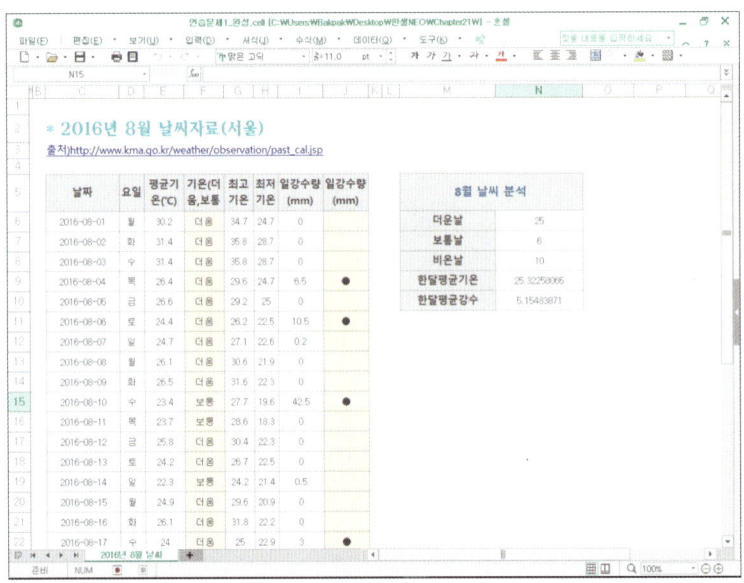

2 2016년 8월 서울 날씨 자료의 [L5] 셀에 '2016-8-21'을 입력하면 자동으로 [N5] 셀에 요일, [P5] 셀에 평균기온, [R5] 셀에 일 강수량이 표시될 수 있도록 함수식을 작성해 봅니다.

예제파일 Chapter21₩연습문제2_시작.cell

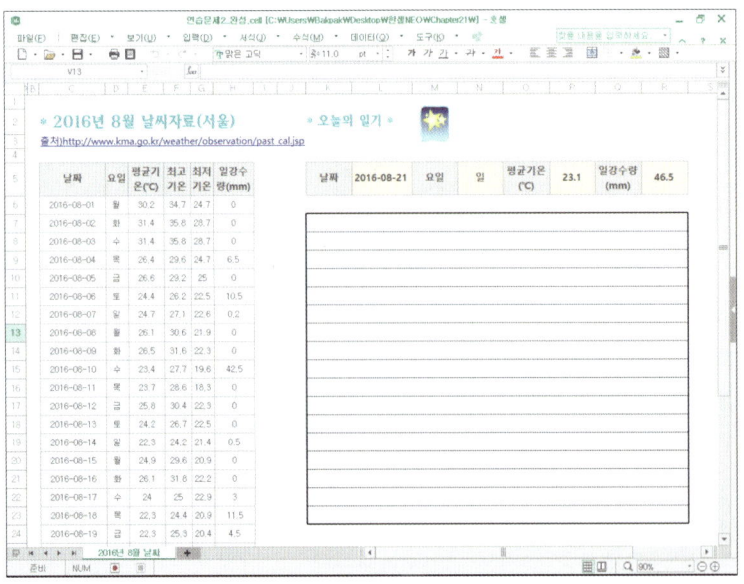

Chapter 22

올림픽 메달 집계를 차트로 만들어 볼까?

올림픽에서의 자랑스런 메달 성적을 집계내 차트로 만들어 봅니다. 27~31회 올림픽 메달 집계 표 자료를 년도별 막대 차트로 비교, 년도별 꺾은선 차트로 증감 변화를 표현해 봅니다. 차트를 이용하여 수치 자료를 한눈에 분석 가능한 자료로 시각화해 보세요.

무엇을 배우나요?

★ 비연속적인 자료를 막대 차트로 작성하는 방법을 학습합니다.

★ 차트 구성요소를 한 번에 변경하는 방법을 학습합니다.

★ 막대 차트의 각 막대에 데이터 표의 숫자 값을 표시하는 레이블 추가 기능을 학습합니다.

★ 차트 도형의 색 채우기로 막대 차트의 색상을 변경하는 기능을 학습합니다.

★ 자료 변경을 꺾은선으로 표시하는 차트 작성 방법과 행/열 전환, 제목 추가 기능을 학습합니다.

완성화면 미리보기

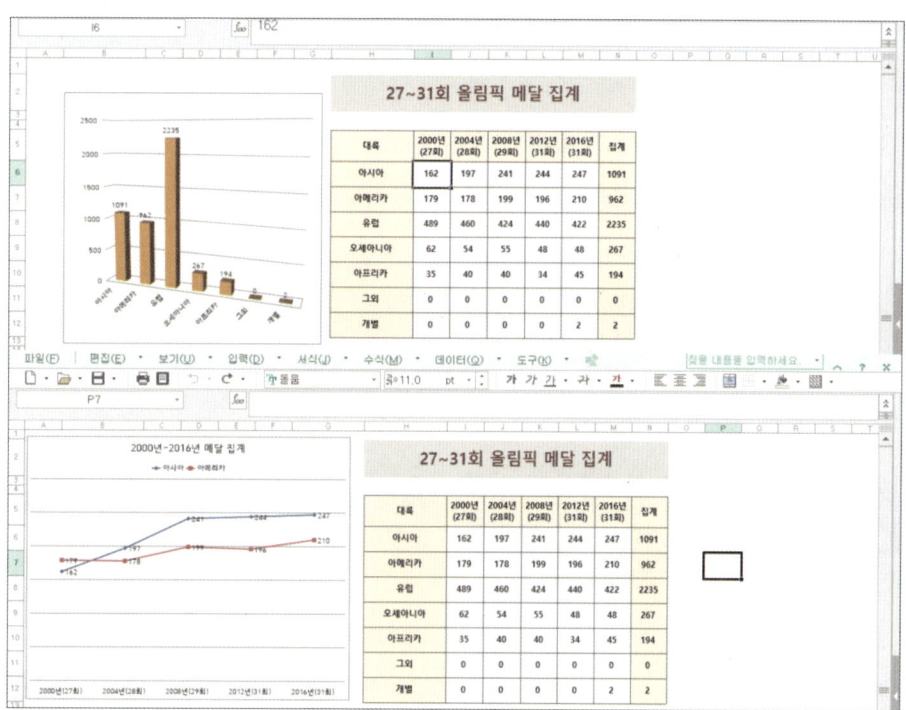

수업 길잡이

난이도 ★★★★☆

예제파일 Chapter22₩차트로분석하는 올림픽.cell

학습기능 막대 차트 작성, 스타일 적용, 레이아웃 적용, 레이블 추가, 막대 차트 색상 변경, 꺾은선 차트 작성, 행/열 전환, 제목 추가

🔍 **이 학습과 예제를 통해** 올림픽 회차별, 대륙별 메달 집계를 막대 차트로 표현하여 유럽이 가장 많음을 한눈에 알아볼 수 있어요. 꺾은선 차트로 아시아, 아메리카 대륙의 메달 개수가 점점 증가함도 알 수 있어요.

1 예제 파일을 열고 [막대차트] 2000년 이후 메달통계] 워크시트의 [H5:H12] 셀을 범위 지정한 뒤 `Ctrl` 을 누르고 [N5:N12] 셀을 범위 지정합니다. [입력] 탭-[세로 막대형](▥)을 클릭하여 [3차원 묶은 세로 막대형]을 선택합니다.

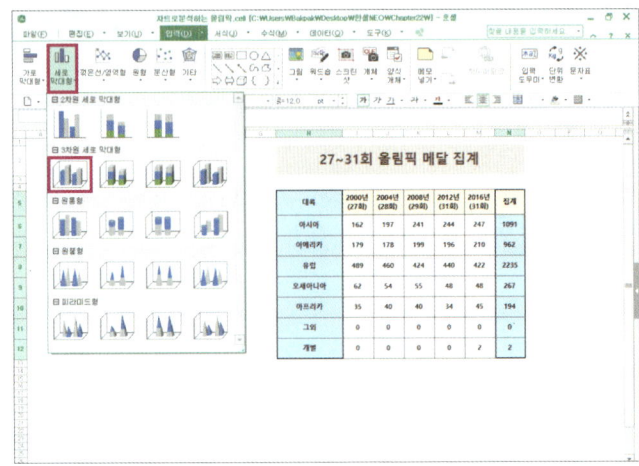

2 메달 집계 숫자가 막대로 표시되면 [차트 디자인] 탭(▥)-[스타일3](▥)을 클릭하여 디자인을 변경한 뒤 차트 크기와 위치를 조정합니다.

3 차트를 선택하고 [차트 디자인] 탭(▥)-[차트 레이아웃](▥)을 클릭하여 [레이아웃8]을 선택합니다.

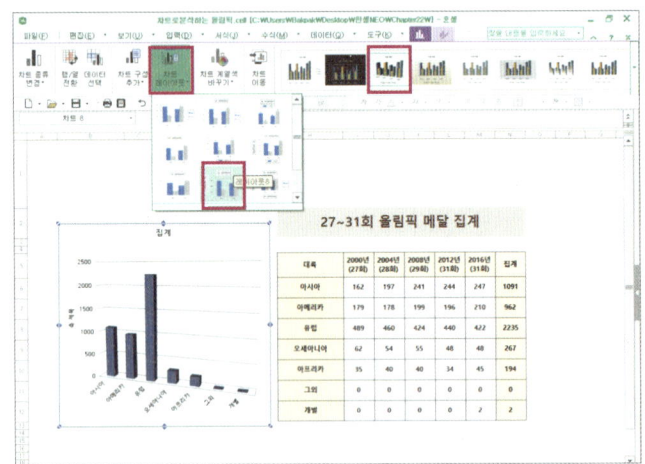

4 막대에 숫자 값을 표현하기 위해 [차트 디자인] 탭(▥)-[차트 구성 추가](▥)를 클릭하여 [데이터 레이블]-[표시]를 선택합니다.

5 차트 막대를 클릭하고 [차트 도형] 탭(▥)-[채우기](▥)에서 주황색 계통 색상을 클릭합니다. '축 제목'과 '집계'를 선택하여 `Delete` 를 눌러 삭제하여 차트의 구성요소를 변경합니다.

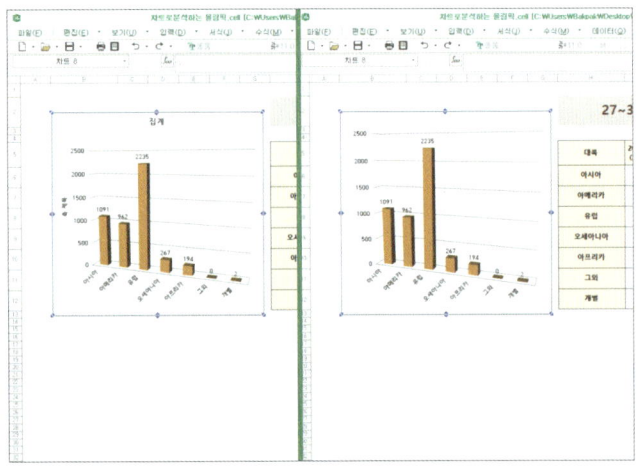

1 [꺾은선) 2000년이후 메달통계] 워크시트의 [H5:M7] 셀을 범위 지정한 후 [입력] 탭-[꺾은선/영역형](꺾은선 아이콘)을 클릭하여 [표식이 있는 꺾은선형]을 선택합니다.

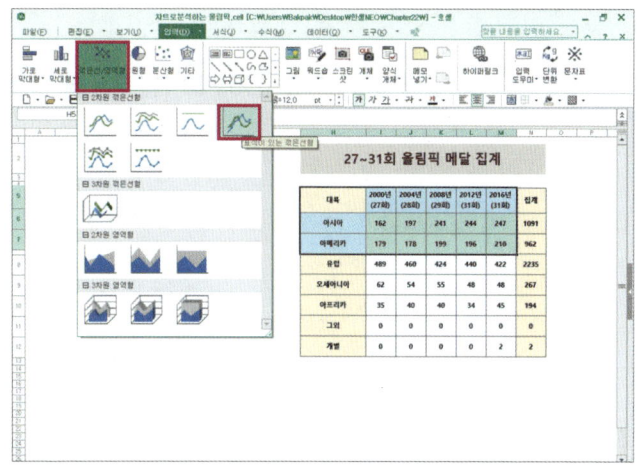

2 차트의 위치와 크기를 변경하기 위해 꺾은선 차트 선택 후 [차트 디자인] 탭(아이콘)-[행/열 전환](아이콘)을 클릭하여 X축을 년도, Y축을 아시아, 아프리카의 메달 집계 숫자가 표시되는 꺾은선 차트의 위치, 크기를 변경합니다.

> **TIP**
>
> '아시아'가 '아메리카'보다 메달의 개수가 좀더 많고 2008년도 이전 이후로 많은 차이가 있음을 알 수 있습니다.

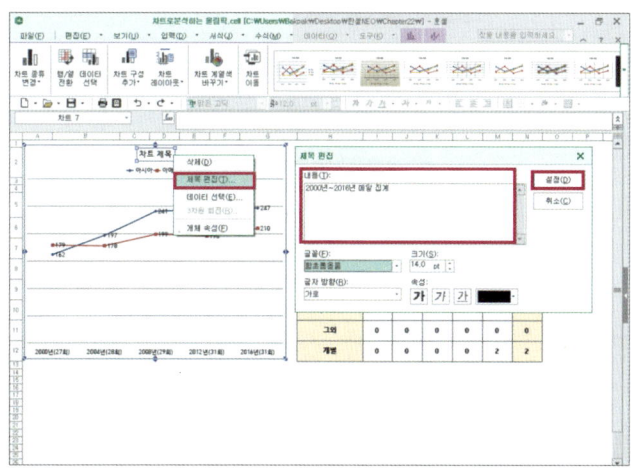

3 차트를 선택하고 [차트 디자인] 탭(아이콘)-[차트 레이아웃](아이콘)을 클릭하여 [레이아웃3]을 선택합니다.

4 '차트 제목'에서 마우스 오른쪽 버튼을 눌러 [제목 편집]을 선택하고 [제목 편집] 대화상자의 [내용] 입력란에 '200년~2016년 메달집계'를 입력하고 [설정]을 클릭합니다.

1 요일별 날씨 자료 [C5:F12] 셀 범위를 다음과 같은 조건을 적용한 차트로 작성해 봅니다.

① 차트 : 원뿔형 묶은 세로 막대형 ② 스타일 : 9 ③ 레이아웃 : 7 ④ 차트 제목 : 요일별 기온
⑤ 범례 : 위쪽 차트 ⑥ 개체 선 굵기 : 1.5 ⑦ 차트 개체 선 모양 : 점선

예제파일 Chapter22₩연습문제1_시작.cell

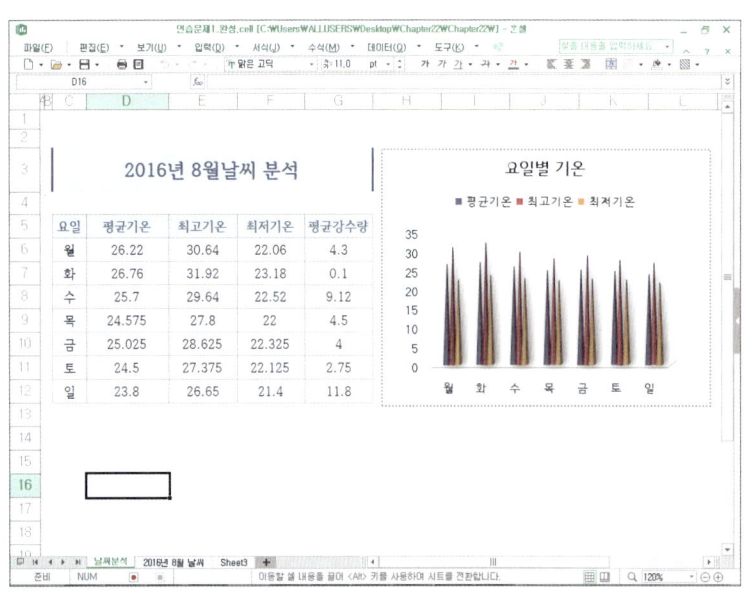

2 [E4] 셀에 날짜 입력 시 자동으로 작성되는 [C7:H13] 셀 범위의 일주일 자료를 다음과 같은 조건으로 차트로 작성해 봅니다.

① 차트 : 표식이 있는 꺾은선형 ② 레이아웃 : 4 ③ 차트 제목 : 삭제 ④ 차트 레이블 : 표시

예제파일 Chapter22₩연습문제2_시작.cell

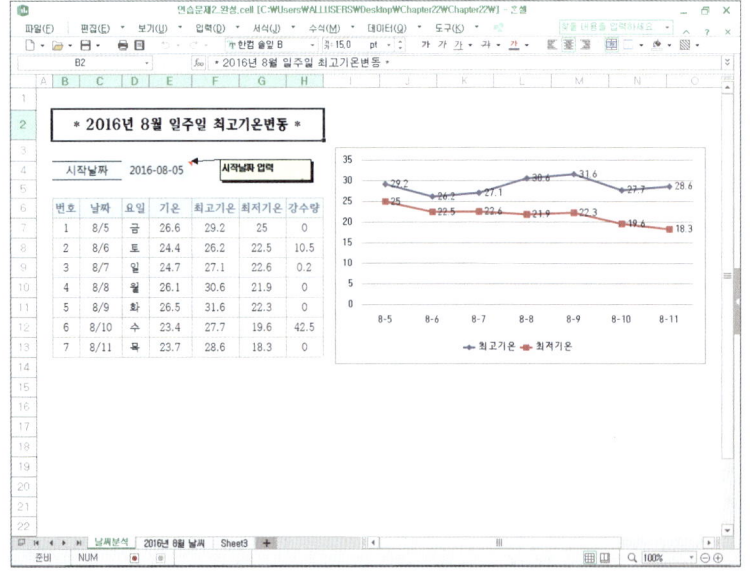

Chapter 23

세계문화유산을 원형 차트로 분석해 볼까?

대륙별로 세계문화유산 건수가 있는 자료를 한눈에 알아보기 쉽도록 비율이 포함된 원형 차트로 표현해 봅니다. 원형 차트로 데이터의 포함 비율을 한눈에 알아볼 수 있게 자료를 시각화해 보세요.

무엇을 배우나요?

★ 도넛 차트를 작성하고 도넛 구멍 크기를 조절하는 기능을 학습합니다.

★ 도넛 계열 중 일부분만 분리하는 방법을 학습합니다.

★ 3차원 원형 차트를 작성하고 차트에 % 백분율을 추가하는 방법을 학습합니다.

★ 3차원 원형 차트의 데이터 값의 범위를 변경하는 방법을 학습합니다.

완성화면 미리보기

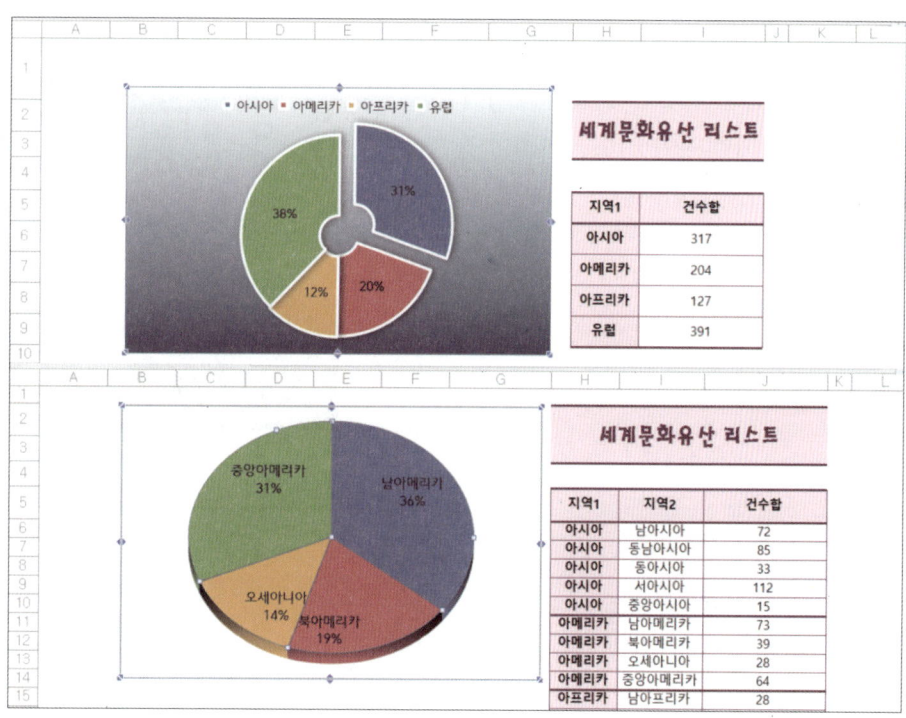

수업 길잡이

난이도	★★★★☆
예제파일	Chapter23₩원차트로 분석하는 세계문화유산.cell
학습기능	도넛 차트 작성, 도넛 외곽선 설정, 3차원 원형 차트 작성, 차트 회전 각도 조절, 차트 데이터 변경

🔍 **이 학습과 예제를 통해** 범위 데이터에서 자신의 자료가 포함되는 비율을 원형 차트로 표현하고 차트의 조각을 회전, 분리하는 방법을 학습할 수 있어요. 데이터가 원형 차트로 표현되었을 때의 장점을 알 수 있어요.

1 예제파일을 열고 [도넛차트-세계문화유산] 워크시트의 [H5:I9] 셀을 범위 지정한 뒤 [입력] 탭-[원형](📊)을 클릭하여 [도넛형]을 선택합니다.

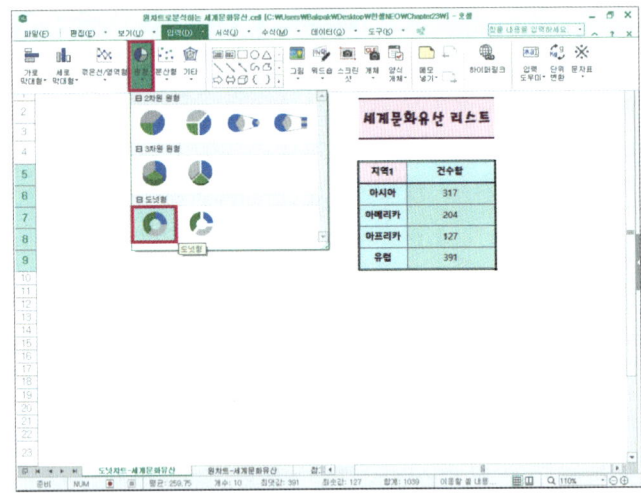

2 [차트 디자인] 탭(📊)-[스타일7](⚫)을 클릭하여 디자인을 변경합니다. [차트 레이아웃](📊)을 클릭하여 [레이아웃3]을 선택하여 지역별 비율을 %로 표시합니다. '건수합' 제목을 클릭한 뒤 **Delete** 를 눌러 삭제합니다.

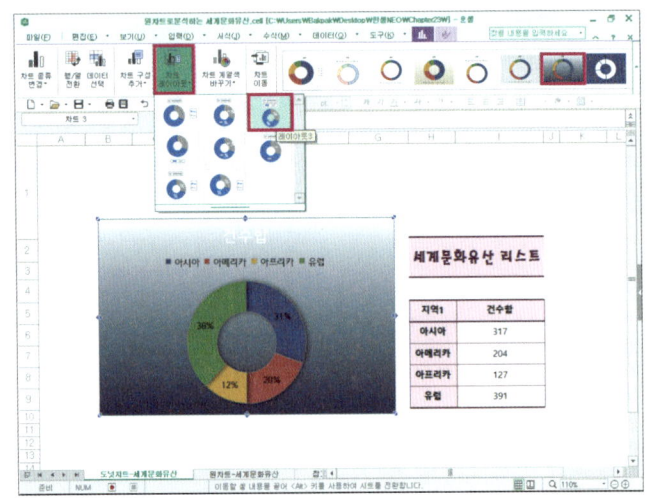

3 도넛 차트를 선택하고 마우스 오른쪽 버튼을 눌러 [데이터 계열 속성]을 선택하고 [개체 속성] 대화상자에서 다음과 같이 설정한 뒤 [설정]을 클릭합니다.

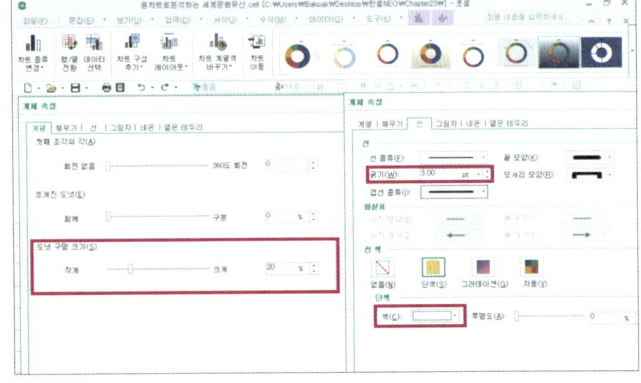

> 💡 **대화상자 설정 값** ⋯⋯⋯⋯⋯⋯⋯⋯⋯⋯⋯⋯⋯⋯
> ① [계열] 탭-[도넛 구멍 크기] : 20% ② [선]
> 탭-[선]-[굵기] : 3pt ③ [단색] : 흰색

🚩 **TIP**

도넛 차트 클릭 후 '31% 아시아' 지역 도넛을 조금 있다 클릭한 후 드래그하면 아시아 지역만 별도로 위치 조정 가능합니다.

3차원 원형 차트 작성하기

1 [원차트-세계문화유산] 워크시트의 [H5:J10]
셀을 범위 지정한 뒤 [입력] 탭-[원형]( )을
클릭하여 [도넛형]을 선택합니다.

2 3차원 원형 차트에서 마우스 오른쪽 버튼을
눌러 [3차원 회전]을 선택하고 [개체 속성] 대
화상자의 [3차원 회전] 탭-[3차원 회전]-[Y]
를 '80'으로 변경한 뒤 [설정]을 클릭하여 기울
기 각도를 변경합니다.

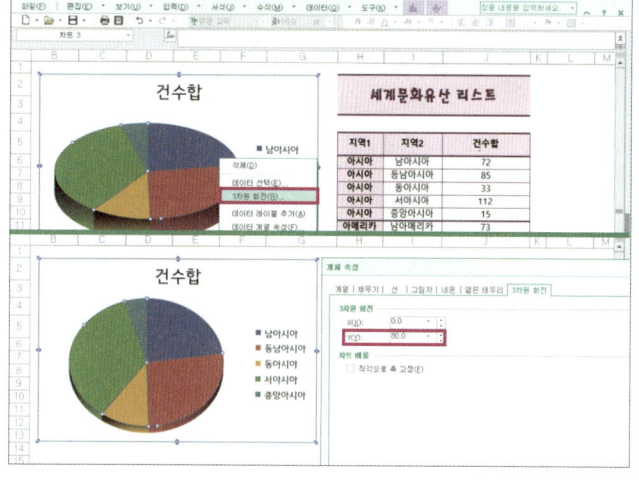

3 [차트 디자인] 탭( )-[차트 구성 추가]( )
를 클릭하여 [데이터 레이블]-[표시]를 선택
합니다.

4 데이터 레이블을 선택하고 마우스 오른쪽 버
튼을 눌러 [데이터 레이블 속성]을 선택하고
[데이터 레이블] 대화상자의 [레이블 내용]-
[항목 이름]과 [백분율]을 선택한 뒤 [설정]
을 클릭합니다. '건수합' 제목을 클릭한 뒤
Delete를 눌러 삭제합니다.

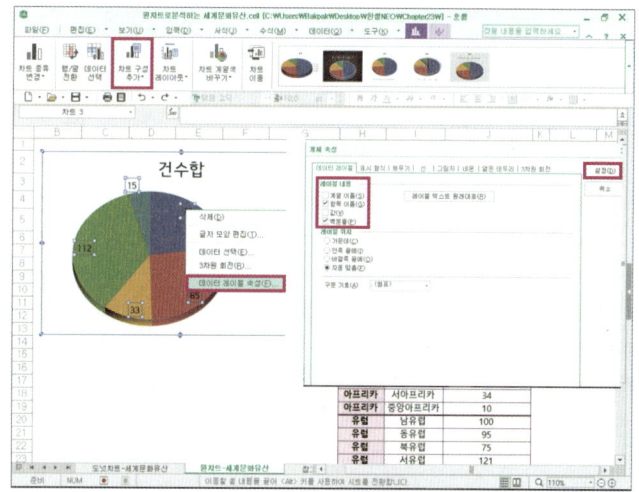

5 '아시아 범위'를 '아메리카 범위'로 변경하기
위하여 차트를 선택하고 [차트 디자인] 탭
( )-[데이터 선택]( )을 클릭하고 [데이터
범위] 대화상자의 [데이터 범위(A)] 입력란을
클릭하여 [I11:J14] 셀을 범위 지정한 뒤 [확인]
을 클릭합니다.

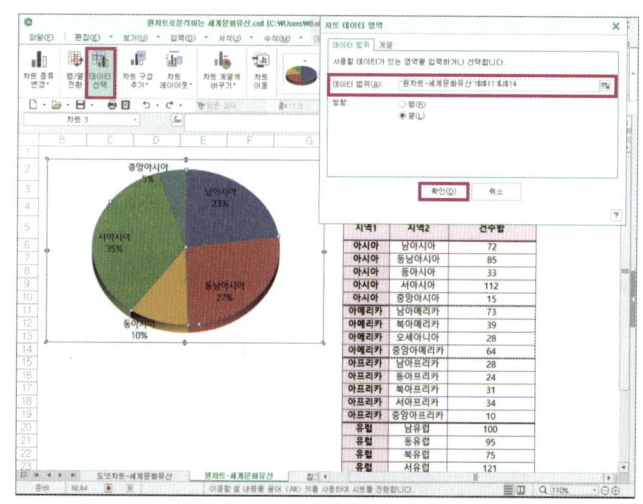

연습문제 풀어보기!

1 캠프 참여인원 자료의 [C6:D13] 셀 범위를 이용하여 다음과 같이 차트를 작성해 봅니다.

① 차트 : 도넛형 ② 차트 계열색 : 색 6 ③ 레이아웃 : 2 ④ 도넛 구멍 크기 : 50%

⑤ 선 색 : 회색 ⑥ 선 굵기 : 2pt ⑦ 1학년 계열만 분리

예제파일 Chapter23\연습문제1_시작.cell

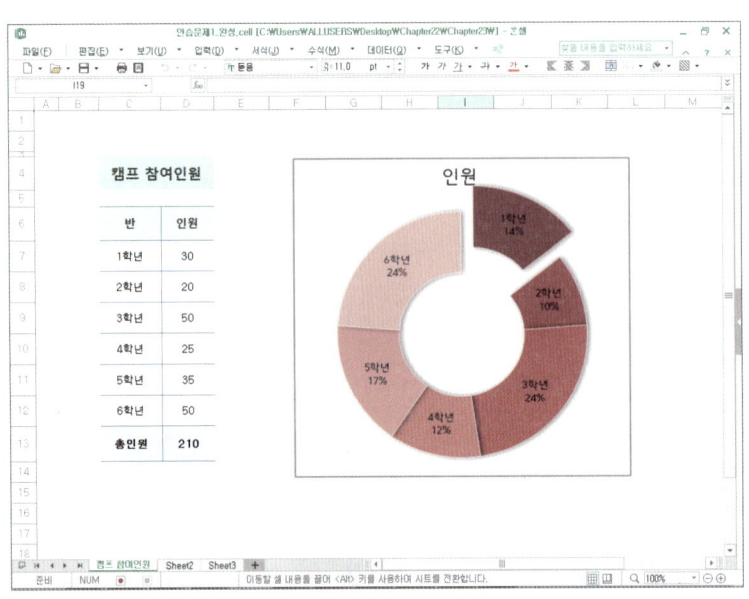

2 캠프 참여인원의 성별, 분야별 인원수가 기록된 자료의 [B6:D9] 셀 범위를 이용하여 작성되어 있는 3차원 원형 차트에 다음의 작업을 수행하여 원형 차트를 한 개 더 작성해 봅니다.

① 레이블 : 항목, 값, 백분율 ② 차트 복사 ③ 차트 제목 변경 : 캠프 참가 여자 자료 분석

④ 데이터 변경 : [C11:D13]

예제파일 Chapter23\연습문제2_시작.cell

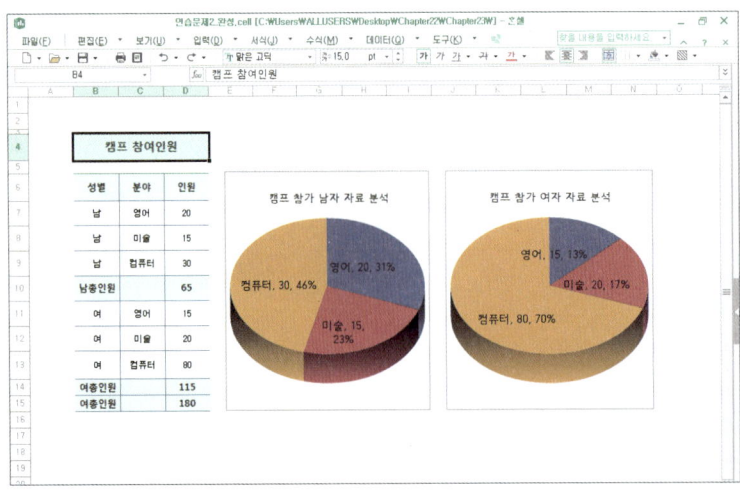

Chapter 24

개인정보를 보호하고 클라우드에 저장해 보자!

특정한 프로그램이 설치되어 있지 않아도 누구나 자료를 볼 수 있도록 만들어진 문서인 PDF 자료를 한셀에 불러와 봅니다. 또한 자료에는 참석자 명단이 있으니 개인정보를 보호해 봅니다.

무엇을 배우나요?

★ PDF 자료를 한셀에 불러오는 방법을 학습합니다.

★ 개인정보 포함 문서의 일부분을 * 표시하는 방법을 학습합니다.

★ 클라우드 넷피스 24에 자료를 저장하고 불러오는 방법을 학습합니다.

완성화면 미리보기

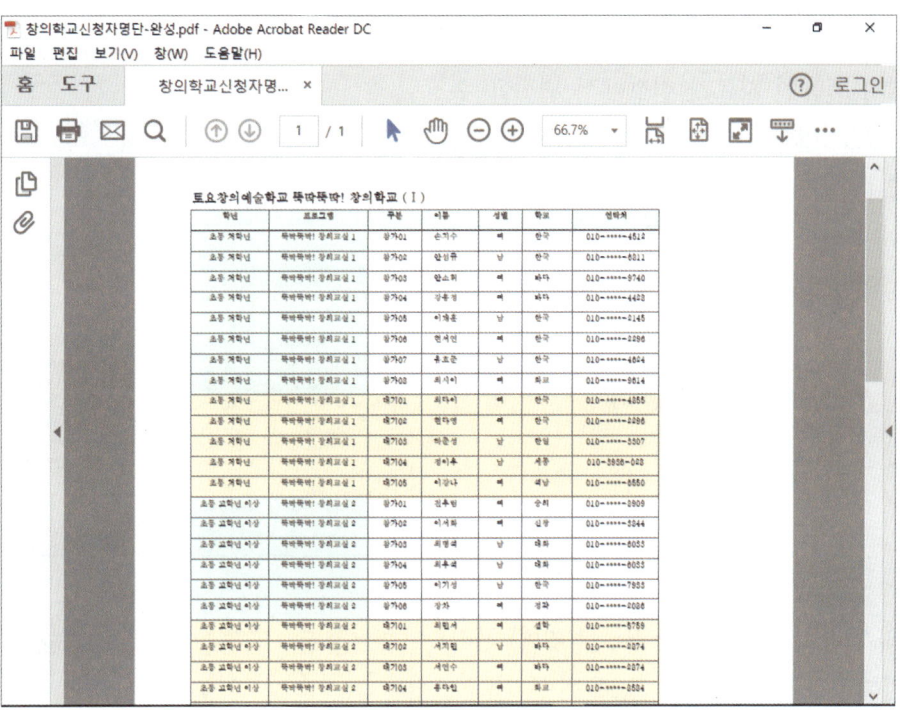

수업 길잡이

난이도 ★★★★☆

예제파일 Chapter24₩PDF자료.pdf

학습기능 PDF 자료 오피스 문서로 변환, 개인 정보 변경, PDF로 저장, 넷피스 24

🔍 **이 학습과 예제를 통해** PDF로 제공되는 문서를 한셀로 불러와 수정을 할 수 있어요. 자료의 일부분을 변환하여 전화번호와 같은 개인정보는 * 표시로 변경할 수도 있어요. 또한 언제 어디서나 자료를 올리고 내려받을 수 있는 클라우드에 자료를 보관할 수도 있어요.

1 [파일] 탭-[PDF를 오피스 문서로 변환하기]를 선택하고 [한셀] 대화상자에서 'PDF자료.pdf'를 선택하고 [확인]을 클릭합니다.

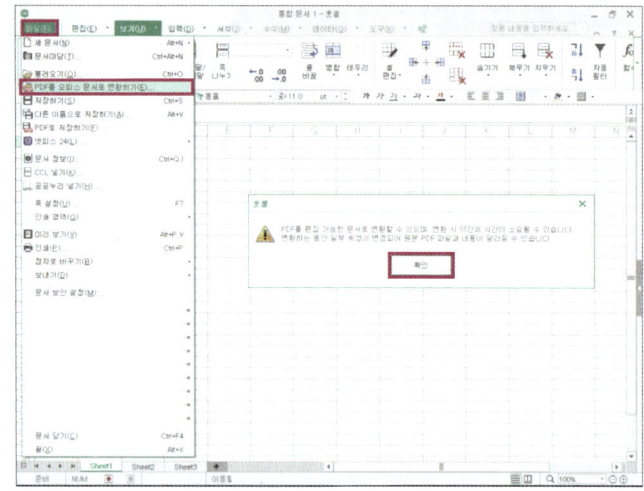

2 PDF 읽기 전용인 자료가 한셀에서 편집할 수 있는 자료로 변환됩니다. 행의 높이를 조절한 뒤 [파일] 탭-[다른 이름으로 저장]을 선택한 뒤 [파일 형식]-[한셀 통합 문서(*.cell)]로 선택하여 '창의학교신청자명단.cell'로 저장합니다.

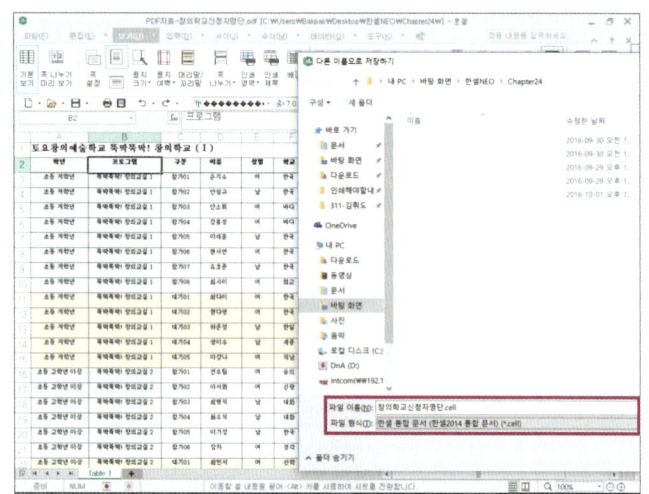

3 [G] 열의 연락처의 전화번호 일부를 별(*) 처리하기 위해 [도구] 탭-[개인 정보 바꾸기]( )를 클릭하여 [찾아서 바꾸기]를 선택합니다.

4 [개인 정보 바꾸기] 대화상자의 [전화번호]를 클릭하고 [표시 형식 선택]( )-[전화번호], [형식목록]-[NNN-***-NNNN]을 클릭하고 [설정]-[모두 바꾸기]를 클릭하면 전화번호 형식이 변경됩니다.

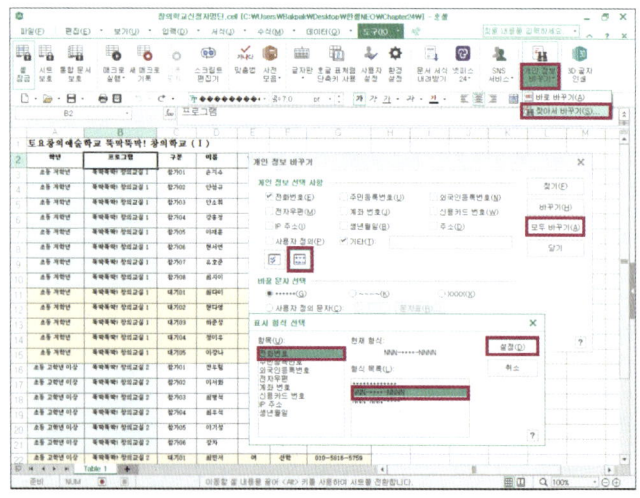

1 [도구] 탭-[넷피스 24](📷)를 클릭하여 [넷피스 24에 저장하기]를 선택하고 [다른 이름으로 저장하기] 대화상자에서 [내 저장공간] 더블클릭 후 [파일 형식]을 (*.cell) 로 지정한 뒤 [저장]을 클릭합니다.

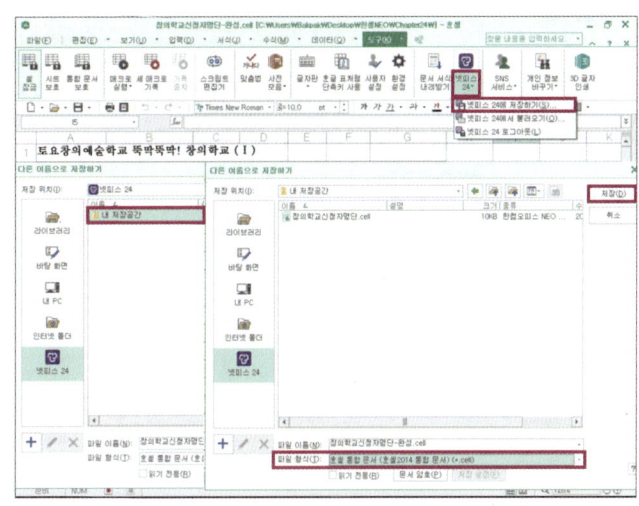

🚩 **TIP**

넷피스 24는 인터넷상의 클라우드 공간입니다. 인터넷이 연결되어 있어야 하며 넷피스 24에 회원가입이 되어 있어야 사용 가능합니다.

2 문서를 종료하고 새 파일을 실행한 뒤 [도구] 탭-[넷피스 24](📷)를 클릭하여 [넷피스 24에서 불러오기]를 선택합니다. [불러오기] 대화상자에서 [내 저장 공간]의 '창의학교신청자명단.cell'을 더블클릭합니다.

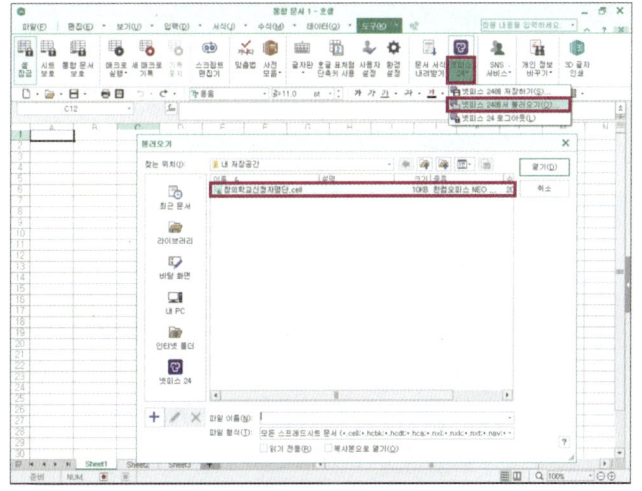

3 [파일] 탭-[PDF로 저장하기]를 선택하여 작업 중인 파일을 읽기전용인 PDF 자료로 변환합니다.

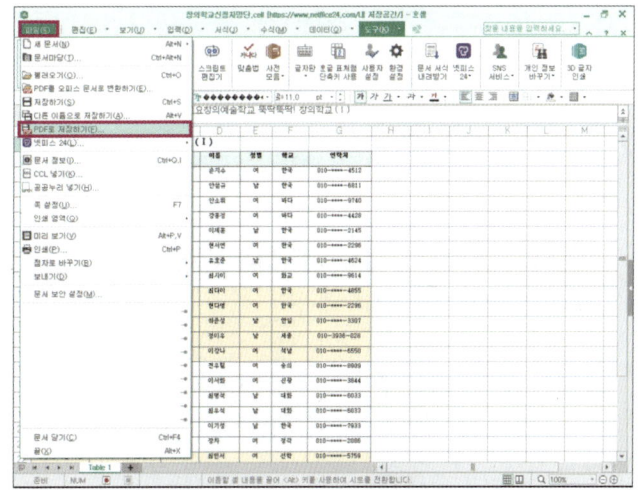

연습문제 풀어보기!

1 기관의 연락처와 도로명 주소가 있는 자료에서 전화번호와 주소 일부분을 개인정보 바꾸기 기능을 이용하여 *로 변경해 봅니다.

예제파일 Chapter24₩연습문제1_시작.cell

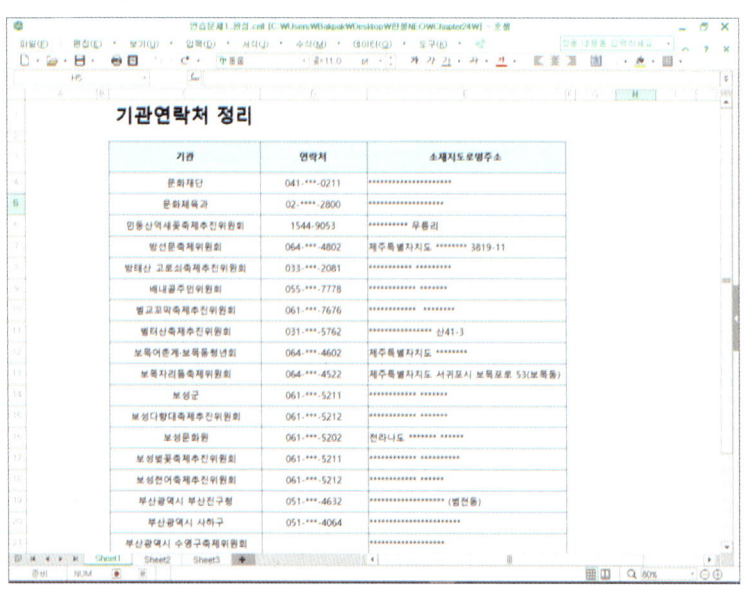

2 PDF 파일을 한셀에서 편집할 수 있도록 불러온 뒤 [A1] 셀에 행을 삽입하고 [A1] 셀에 '한셀 NEO특징'을 입력합니다. [A1] 셀의 제목을 다음과 같이 변경해 봅니다.

① 글꼴 : 한컴 솔잎 B ② 글자 크기 : 20pt ③ 가운데 정렬

예제파일 Chapter24₩연습문제2_시작.pdf

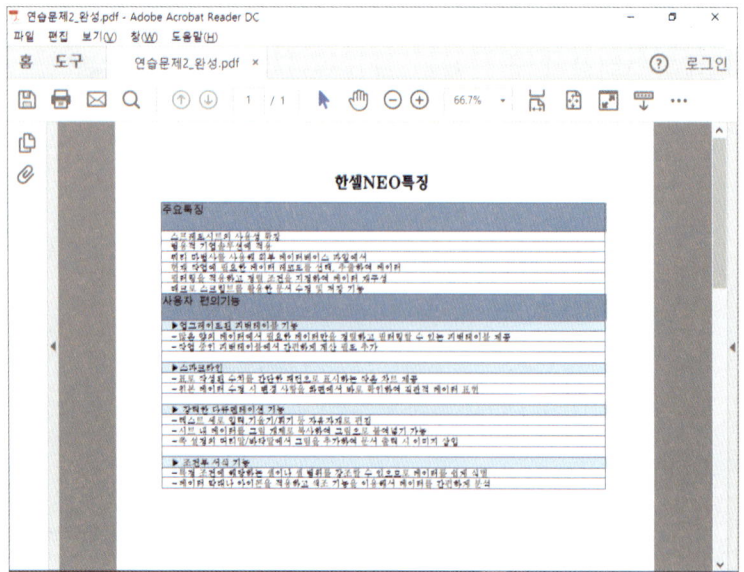

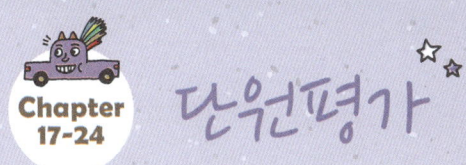

1 [A7:D7] 셀 범위의 합을 계산하는 식으로 올바르지 않은 것은?

① =A7+B7+C7+D7

② =SUM(A7:D7)

③ =SUM(A7,D7)

④ +A7+B7+C7+D7

2 다음 그림의 [G5:G9] 셀 범위에 퀴즈 정답 인원 수가 계산되어 있는데 [G5] 셀에 작성된 수식으로 올바른 것은?

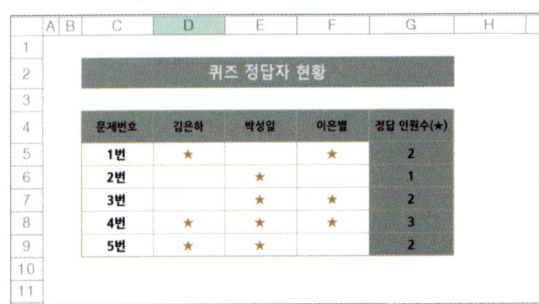

① =COUNTA(D5:F5,"★")

② =AVERAGE(D5:F5,"★")

③ =COUNTIF(D5:F5,"★")

④ =MIN(D5:F5,"★")

3 한셀에서 함수식 작성 시 참조 셀 번지를 A3 → $A$3 → A$3 → $A3처럼 상대 → 절대 → 혼합 번지로 손쉽게 변경할수 있는 단축 키는?

① F1

② F2

③ F3

④ F4

4 셀에 입력하는 데이터 중 날짜 데이터로 올바른 것은?

① 4-5

② 2016.04.05.

③ 4월 5일

④ 20160405

5 셀에 입력하는 데이터 중 시간 데이터로 올바른 것은?

① 2시3분

② 2:3

③ 2시간3분

④ 2.3

6 다음 설명 중 올바르지 않은 것은?

① 시스템상의 날짜는 =TODAY() 함수를 사용하며 매일 결과 값은 변한다.

② 현재 시스템 날짜는 Ctrl + ; 으로 입력하며 날짜가 지나도 값은 변하지 않는다.

③ 날짜, 숫자를 모두 문자로 입력하려면 입력 자료의 맨 앞에 큰따옴표(")를 붙여 입력한다.

④ 숫자 데이터에 소숫점(.)은 한번만 입력하여야 한다.

정답 1③ 2③ 3④ 4① 5② 6③

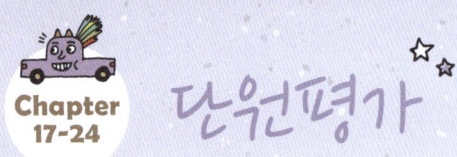

7 다음 그림의 [E5] 셀에 UN 기구 창립일과 [F3] 셀의 기준일을 이용하여 계산식을 작성한 뒤 [E6:E7] 셀 범위까지 복사하여 경과년수를 계산했는데 [E5] 셀의 작성된 수식으로 올바른 것은?

A B	C	D	E	F	G
	\multicolumn{4}{c}{UN 기구 창립일}	
			기준일	2017-01-20	
	기구명	창립일	년수	개월수	
	유엔 창립일	1945-10-24	72	854	
	유엔 난민기구	1950-12-14	67	793	
	유엔 아동 기금	1946-12-11	71	841	

① =YEAR($F$3)−YEAR(D5)
② =YEAR(F3)−YEAR($D$5)
③ =YEAR(F3)−YEAR(D5)
④ =YEAR($F$3)−YEAR($D$5)

8 다음 계산식 중 올바르지 않은 것은?

① =COUNTA(D20:D300)
② =COUNTIF(A2, D20:D300)
③ =RANK(D20:D300, D20)
④ =SUMIF(D20:D300, A2, E20:E300)

9 입력한 숫자만큼 지정한 문자의 개수를 반복하여 출력하는 함수는?

① LEFT
② MID
③ REPT
④ RIGHT

10 다음 그림의 [C5:C9] 셀 범위의 음악명의 왼쪽에서 4, 5번째 글자를 잘라낸 함수가 [E5:E9] 셀 범위에 작성되어 있는데 [E5] 셀의 작성된 수식으로 올바른 것은?

A B	C	D	E	F	G
	\multicolumn{4}{c}{우리나라의 음악}	
	분류	분류1	분류2	분류3	
	궁중음악제례문묘	궁중음악	제례	문묘	
	궁중음악연례당악	궁중음악	연례	당악	
	민속음악성악단가	민속음악	성악	단가	
	민속음악성악잡가	민속음악	성악	잡가	
	종교음악불교범패	종교음악	불교	범패	

① =LEFT(C5,4)
② =LEFT(C5,4,5)
③ =MID(C5,4,5)
④ =MID(C5,4,2)

11 한셀에서 제공하는 기능이 아닌 것은?

① 넷피스 24
② 개인정보 보호
③ PDF를 오피스 문서로 변환하기
④ 변경 내용 추적

12 한셀에서 작성 가능한 차트의 종류가 아닌 것은?

① 원형 차트
② 분산형 차트
③ 꺾은선형 차트
④ 워드 클라우드 차트

정답 **7** ① **8** ② **9** ③ **10** ④ **11** ④ **12** ④

13 다음 그림과 같이 '메뉴' 와 '클릭 수'를 이용하여 막대 차트를 작성하고자 할 때 [B5:B7] 셀 범위 지정한 뒤 (   ) 키를 누르고 [D5:D7] 셀 범위 지정을 한다. (   ) 안의 단축키는?

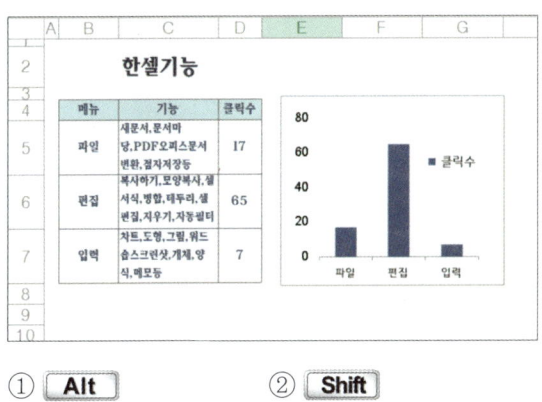

① **Alt**   ② **Shift**

③ **Ctrl**   ④ **F1**

14 다음 그림과 같이 [E5] 셀에 입력된 자료를 [B5:C23] 셀 범위에서 같은 항목을 찾아 [F5] 셀에 나타내고자 할 때 올바른 수식은?

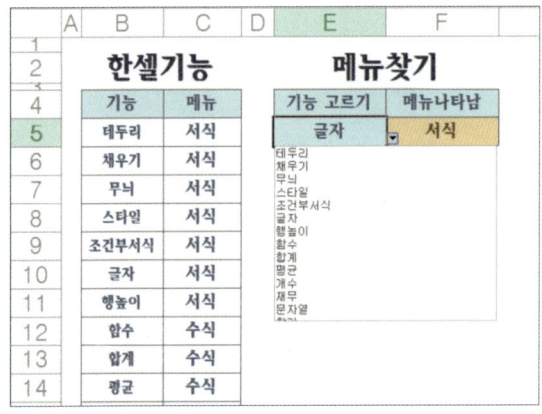

① =VLOOKUP(E5,B5:C23,2,false)

② =VLOOKUP(E5,B5:C23,2,true)

③ =HLOOKUP(E5,B5:C23,2,false)

④ =HLOOKUP(E5,B5:C23,2,true)

15 개인정보 보호 기능으로 보호할 수 없는 자료는?

① 전화번호
② 얼굴이 있는 사진
③ 주민등록번호
④ 전자우편

16 한셀 차트에 대한 설명 중 올바르지 않은 것은?

① 막대 차트를 원형 차트로 변환할 수 있다.
② 막대 차트의 값을 백분율(%)로 자동 변환하여 데이터 레이블로 표현할 수 있다.
③ 도넛 차트에서 한 조각만 선택하여 '개체 속성'을 이용하여 따로 분리할 수 있다.
④ 차트의 구성요소를 세트로 제공하는 '차트 레이아웃'을 제공한다.

정답   **13** ③   **14** ①   **15** ②   **16** ②